Social Media grenzeloos goed

BIM Press

Faculteit Digitale Media en Creatieve Industrie

Social Media, grenzeloos goed

Landspecifieke analyses van zakelijk social mediagebruik

Jorrit Topman, Dennis van Wagtendonk, Hamza Bouyafa, eds.

Hogeschool van Amsterdam
Amsterdam University of Applied Sciences

ISBN: 978-90-79646-35-7
NUR: 811

BIM-Press
Eerste druk 2017
Eindredacteuren: Jorrit Topman, Dennis van Wagtendonk, Hamza Bouyafa en Sander Schroevers
Reekscoördinator: Sander Schroevers
Kaftontwerp en -afbeelding: Hamza Bouyafa
Binnenwerkontwerp: Sander Schroevers, Jaguar Print
Logo-ontwerp: Erica Frank, Designer Gráfico, Vitória, Espirito Santo, Brazilië

Copyright © BIM-Press en de Hogeschool van Amsterdam, 2017
Tekstauteursrechthebbenden: Andres Reyes Rios, Bas Hendriks, Daan de Vries, Dennis van Wagtendonk, Ellen La Heij, Hamza Bouyafa, Jeroen Te Water, Johannes van der Burg, Jorrit Topman, Krystyna Cichon, Maarten Speelpenning, Maartje de Groot, Marvin Liklikwatil, Nick van Berge, Rene Dijksman, Samuel Mattens, Sander Vermeulen, Thierry Haverkamp, Wesley de Ruijter, Yorick Schrumpf en Yuri Reyes Rios..

Behoudens de in of krachtens de Auteurswet van 1912 gestelde uitzonderingen mag niets uit deze uitgave worden verveelvoudigd, opgeslagen in een geautomatiseerd gegevensbestand of openbaar gemaakt in enige vorm of op enige andere wijze, hetzij elektronisch, mechanisch, door fotokopieën, opnamen of op enige andere manier, zonder voorafgaande schriftelijke toestemming van de uitgeve: s.schroevers@hva.nl. Voorzover het maken van reprografische verveelvoudigingen uit deze uitgave is toegestaan op grond van artikel 16h t/m 16m Auteurswet 1912 jo. Besluit van 27 november 2002, Stb. 575, dient men de daarvoor wettelijk verschuldigde vergoedingen te voldoen aan de Stichting Reprorecht (postbus 3060, 2130 KB Hoofddorp, www.reprorecht.nl).

Deze uitgave is tot stand gekomen door samenbundeling van hoofdstukken praktijk gerelateerd HBO-onderzoek. En hoewel bij de vervaardiging en samenstelling van deze uitgave de grootst mogelijke zorgvuldigheid in acht is genomen, aanvaarden noch BIM-Press noch de Hogeschool van Amsterdam enige aansprakelijkheid voor schade ontstaan door daarin voorkomende onjuistheden. Alle teksten zijn vooraf gescand op plagiaat, verder is getracht dubbelzinnig gebruik van merknamen te voorkomen. Klachten hieromtrent zullen in nieuwe drukken worden hersteld. Beweringen en meningen, geuit in de achterliggende hoofdstukken zijn die van de betreffende auteur(s) en niet (noodzakelijkerwijs) die van Schroevers, BIM-Press of de Hogeschool van Amsterdam.

Inhoudsopgave

Voorwoord

Er zijn nu wereldwijd twee-en-een-half miljard social media gebruikers, wat neerkomt op een derde van de gehele wereldbevolking. Na lezing van dit boek zult u ontdekken dat het social media landschap voor enkele in dit boek beschreven markten geheel anders is opgebouwd. In Kazachstan en enkele omringende landen is 'VKontakte' bijvoorbeeld de gangbare applicatie. In Japan zien we dat 'LINE' 's lands grootste messenger is (42% penetratie), en in Iran en Vietnam hebben lokale aanbieders een opvallende markt-penetratie. Daarnaast zit nog eens de helft van de wereldbevolking op internet, wat neer komt op ongeveer drie-en-een-half miljard webonauten. Uit ons onderzoek komt onder meer naar voren dat er in verschillende landen andere zoekmachines gebruikt worden dan Google. Een gegeven dat van wezenlijk belang is voor marketing en communicatiespecialisten die ook over de grens actief zijn. Tevens valt op dat de manier waarop we social media en internet inzetten per land toch wel verschilt. Naar blijkt besteden Brazilianen maar liefst vijf uur per dag op internet (...).

De wereld internationaliseert en communiceert als gevolg in een ongekend tempo, niet in het minst door de grenzeloze mogelijkheden van datzelfde internet. Nu wil het feit dat er meer gecommuniceerd *kan* worden, nog niet zeggen dat er per definitie ook beter gecommuniceerd *wordt*. Deze eerste uitgave van 'Social Media, grenzeloos goed' biedt de lezer een overzicht van de huidige stand van zaken op social media en internetgebied voor de landen: Amerika, België, Brazilië, Bulgarije, Emiraten, Groenland, Indonesië, Iran, Italië, Japan, Kazachstan, Oostenrijk, Spanje, Uruguay, Vietnam en Zweden. Dit boek toont aan dat het simpelweg uitrollen van een social media strategie over de grens een fors risico kan insluiten. Landeigen conventies blijken in het exporterende bedrijfsleven een vaak onderschat aspect. 's Werelds grootste grootgrutter Wal-Mart kan daarover meepraten, na een miljardenverlies op de Duitse en Zuid-Koreaanse markten. Te vaak ontleent men zekerheid aan het projecteren van bijvoorbeeld Noord-Amerikaanse bedrijfsmatige modellen en schenkt men daardoor te weinig aandacht aan cultuurverschillen. Zo ook op social mediavlak, en daarvoor behoef ik geen eens zo ver van huis te gaan. Toen wij voor het eerste aanbod Hogeschool van Amsterdam summerschools, ook studenten uit Zuid-Korea wilden aantrekken, heeft het benaderde Londense communicatieadviesbureau simpelweg *Google-add words* aangeschaft. Op zich geen gekke marketing-gedachte, maar wel voor een land waar het marktaandeel van Google nog geen twee procent bedraagt.

Dit boek; 'Social Media, grenzeloos goed' bevat hoofdstukken van deelnemers aan het programma-managementsemester, aangeboden door de deeltijdopleiding van Business IT & Management aan de Hogeschool van Amsterdam. De volgende co-auteurs leverden een bijdrage: Andres Reyes Rios, Bas Hendriks, Daan de Vries, Ellen La Heij, Jeroen Te Water, Johannes van der Burg, Maarten Speelpenning, Maartje de Groot, Marvin Liklikwatil, Nick van Berge, Rene Dijksman, Samuel Mattens, Sander Vermeulen, Thierry Haverkamp, Yorick Schrumpf, Yuri Reyes Rios en Sander Schroevers.
Veel dank is verschuldigd aan de eindredacteuren Dennis van Wagtendonk, Hamza Bouyafa en Jorrit Topman, die met veel motivatie en inzet de uitdaging van het project zijn aangegaan. Tevens wil ik hier mijn erkentelijkheid betuigen bij de betrokken coördinatoren Wiebe de Witte en Marion Jacques, alsmede opleidingsmanager Iraj Kaksar voor het willen implementeren van een dergelijk uitgaveproject. Een gezamenlijk project als dit, is het type onderwijs waarbij elke student samen met klasgenoten de contouren bepaalt, en de collectieve voortgang en kwaliteit bewaakt. Men wordt daarbij gestimuleerd om een andermans hoofdstuk te lezen, zonder enige vorm van klassieke docent-student communicatie. Op leren rust tenslotte geen docent-monopolie. Hierbij wordt onafhankelijk positief samengewerkt aan een collectief eindresultaat. Een resultaat dat er zijn mag trouwens: 'all rights Deserved', dank, dank!

Sander Schroevers

Amerika, Verenigde Staten van

René Dijksman

Inleiding

De Verenigde Staten van Amerika (VS, of Amerika) worden gevormd door de 50 staten tezamen met het District of Columbia, ook wel Washington D.C., enkele gemenebesten en andere territoria. Sinds de meeste recente 'ontdekking' van het continent Amerika door Christoffel Columbus in 1492 heeft het een ontwikkeling doorgemaakt via kolonisaties door Spanje, Engeland, Nederland, Zweden, Frankrijk en Rusland. Als gevolg van de Franse en Indiaanse Oorlog, de Amerikaanse Onafhankelijkheidsoorlog en later de burgeroorlog, begon de industrialisatie en de vorming tot het land dat we tegenwoordig kennen.

Vandaag de dag bezet het land de derde plek wereldwijd met 326.474.013 als het gaat om inwonersaantallen. Het bruto binnenlands product stond in 2016 op een eerste plek met $18.569.100 (mln. $) met de grootste stijging tijdens de Tweede Wereldoorlog van respectievelijk 117,22% (1943) en 118,27% (1944). In 2012 stonden er 27.626.360 bedrijven geregistreerd. Met deze cijfers is het zichtbaar dat het land in slechts een paar honderd jaar is uitgegroeid tot één van de supermachten op de wereld.

Silicon Valley

De Silicon Valley is een bijnaam voor een regio ten zuiden van San Francisco waar tegenwoordig de grotere technologie bedrijven als Facebook, eBay, Intel, IBM, Hewlett-Packard en Apple zijn gehuisvest. De reden dat deze regio populair is voor de oprichting en huisvesting van dergelijke bedrijven is enigszins uit de naam af te leiden.
Tot aan de Tweede Wereldoorlog en Koude Oorlog was de regio vooral een wat armere regio waar vanwege het Californische klimaat vooral fruitteelt plaatsvond. In een poging om tijdens en na de Tweede Wereldoorlog en Koude Oorlog op technologische wijze de tegenstander te slim af te zijn was

men op zoek naar betere halfgeleiders. De halfgeleiders (semi-conductors) gemaakt van silicium (silicon) werden ontdekt, gemaakt tot chips en vervolgens gebruikt in onder andere radarsystemen en aanzetten tot netwerken en computers. Veel bedrijven die de chips ontwierpen werden opgestart of bemenst door studenten afkomstig van Stanford University uit dezelfde regio. De toenmalige decaan Frederick Terman spoorde jonge studenten aan om hun technische bouwkundige kennis te gebruiken om bedrijven op te richten. Twee van deze studenten waren William Hewlett en David Packard, waarvan de twee achternamen bij u wellicht een belletje laten rinkelen. Tegenwoordig werken er in de regio zo'n 300.000 mensen in de innovatie & informatie technologie op het gebied van producten en diensten. Tevens zijn bedrijven als Facebook, Pinterest en Twitter allemaal gevestigd in Silicon Valley.

Culturele aspecten

In principe kent Amerika geen samenleving die is gebaseerd op het leven in een klasse. Toch kennen we allemaal de uitspraak 'The American Dream' die eigenlijk is ontstaan uit onvrede van de Europese migranten die in eigen land wel te maken hadden met adel en een klasse-gebaseerde samenleving aldaar. Verhalen dat je in het beloofde land Amerika van niets iets kan worden zijn tot op de dag van vandaag een motto voor alle Amerikanen, onafhankelijk van milieu of afkomst. Ondanks dat er geen officiële laagvorming aanwezig is deze wel te herkenning van economische staat en etniciteit. Dit vertaalt zich ook naar de leefgebieden, waarbij kansarmen over het algemeen in slechtere buurten wonen. Bendes en andere criminaliteit voeren daar de boventoon. Wat echter wel aan de orde van de dag is zijn raciale problemen als discriminatie vanwege huidskleur, afkomst of geaardheid. Hoewel het een van de grootmachten van de wereld is, zijn de inwoners van het land nogal verdeeld in de denkwijze.

Samenstelling bevolking

Het overgrote deel van de inwoners van Amerika is Engelstalig, wat duidelijk te merken is in het straatbeeld van de grote steden is dat de Spaanstaligen de tweede plek bezetten. Er bestaan zelfs federale wetten dat bepaalde informatievoorziening tweetalig uitgevoerd moet worden. Engels- en

Spaanstalig. Dit vanwege het grote aantal, met name Mexicaanse, Spaanstaligen in het land.

1. Engels – 230 mln.
2. Spaans – 37.58 mln.
3. Chinees – 2.88 mln.
4. Frans – 2.05 mln.
5. Filipijns (Tagalog)– 1.59 mln.

Hoe gebruikt men internet en social media

Met technologiebedrijven gevestigd in Silicon Valley zitten de Amerikanen de laatste jaren dichtbij innovaties en trends. Dat in combinatie met het feit dat 88,5% van de Amerikaanse bevolking aangesloten is op het internet maakt dat nieuwe producten of diensten snel geadopteerd worden. Zo ook misschien wel de grootste ontwikkeling in de laatste 10 jaar, 'social media'. Social media is een verzamelnaam voor online platforms waarbij de gebruikers de inhoud bepalen en niet een redactie zoals bij nieuwssites.

Waar in 2005 nog maar zo'n 5% van de volwassene Amerikanen gebruik maakte van social media maakte al wel 71% gebruik voor algemene doeleinden. In 2016 is het aantal social media gebruikers al gestegen naar 69% tegenover de eerder genoemde 88,5% internet gebruikers. Platforms als Facebook, Instagram en LinkedIn zijn in die jaren onder andere verantwoordelijk geweest voor die toename in 'social surfing'. Deze aantallen gebruikers van de genoemde platforms maakt het ook voor een ander doel erg interessant, namelijk het adverteren deze platforms.

'Social' nieuws

Een reden voor de populariteit van social platforms in tegenstelling tot traditionele media (nieuwsbulletins of kranten) is de snelheid van informatievoorziening. In 2016 haalden 62% van de Amerikanen hun 'nieuws' van sociale media. 18% geeft zelfs aan 'vaak' nieuws via social media tot zich te nemen. Reddit, Facebook en Twitter zijn de meest populaire social media platforms, waarbij Facebook door 67% en Twitter door 16% wordt gebruikt. Echter halen 'slechts' 44% van de Facebook-gebruikers hun nieuws daar, tegenover 9% van de totale Twitteraars. Reddit is specifiek opgericht als een nieuws platform en scoort ruim 70% als het gaat om gebruikers die actief nieuws tot zich nemen. Over de wereld gezien staan de Verenigde Staten slechts rond plek 20 als het gaat om aantallen internetgebruikers richting Facebook en Twitter. Als in andere landen het bezoekdoel gelijk is dan zijn de Amerikanen lang niet het meest 'nieuwsgierig' via social media. Mexico, Argentinië en Zuid-Afrika staan daar nog ruim boven.

Welke platformen zijn er?

Er zijn er al een aantal genoemd, maar de meest veelgebruikte social media platformen in de Verenigde Staten zijn:

Medium	Omschrijving	Percentage
Facebook	Profielensite	79%
Instagram	Foto's delen	32%
Pinterest	Artistiek, foto's, prikbord	31%
LinkedIn	Digitale CV, zakelijke profielen	29%
Twitter	Korte berichten delen	24%
Snapchat	Foto's (beperkte tijd) delen	18%

** % van online Amerikanen*

Tabel 1: Populariteit social media platformen

Facebook

Facebook is verreweg het grootste social media platform ter wereld met ruim 1.9 miljard actieve gebruikers wereldwijd. Oorspronkelijk is het bedacht (door o.a. Mark Zuckerberg) en ontwikkeld als een 'smoelenboek' voor de Harvard Universiteit. Al snel breidde het uit naar de universiteiten van Stanford, Columbia en Yale. In slechts een jaar tijd bereikte het 6 miljoen gebruikers wereldwijd. Een jaar later werd het mogelijk voor iedereen om zich te registreren en bereikt het al snel 12 miljoen gebruikers. Na het tienjarig bestaan kent Facebook gebruikersgetallen van ruim in het miljard en investeert het in allerlei technologische ontwikkelingen.

Instagram

De samenvoeging van *instant* en *telegram* maakten uiteindelijk de naam van de app die we nu kennen als Instagram. Oorspronkelijk opgezet door enkele in Silicon Valley gevestigde ontwikkelaars die vanuit een werkend concept de app herontwikkelde naar een foto-deel app, gelanceerd in oktober 2010. In slecht 1,5 jaar bereikt de app 50 miljoen actieve gebruikers per maand en wordt het voor een uiteindelijke marktwaarde van 1 miljard euro overgenomen door Facebook in april 2012.

Pinterest

De oprichter van Pinterest had als hobby het opprikken van gedroogde insecten op een prikbord. Het 'uitstallen' van een interesse op een prikbord leidde tot het idee van een virtueel prikbord. Tijdens de laatste wereldwijde recessie richtte de oprichter Ben Silbermann zijn vizier niet meer op het worden van een dokter maar volledig op Pinterest. Niet meteen de eerste poging was succesvol maar uiteindelijke groeide de app door tot het huidige aantal gebruikers. 25% van de online Amerikanen gebruikt de app dagelijks om foto's en ideeën te 'pinnen' om later nog eens te bekijken of te gebruiken. In april van 2016 kende de dienst een waarde van 11 miljard dollar.

Messaging algemeen

Onder social media worden ook vaak messaging-diensten genoemd, voorbeelden hiervan zijn Line, Kik, WhatsApp en Facebook Messenger. Respectievelijk bezetten zij (in volgorde van noemen) de 2^e^, 3^e^, 7^e^ en 12^e^ plek op de ranglijst van de grootste sociale platforms in de Verenigde Staten. Gemiddeld zit besteed de online Amerikaan 13,5uur per maand aan deze messaging diensten.

Zakelijke inzet van social media

Met het grote bereik wat de in de Verenigde Staten actieve social media platforms hebben is het medium interessant voor bedrijven om zich op te richten. Tevens bestaan er naast de particuliere sociale diensten ook manieren om jezelf (of een bedrijf) zich openlijk te profileren.

Marketing

Een reden voor de grote groei aan social media gebruikers zijn de zakelijke, of voor zakelijk doeleinde gebruikte, accounts en het gebruik daar van. De grote groepen te bereiken mensen op gebied van afkomst, leeftijd, regio of interesses blijken erg interessant voor Amerikaanse bedrijven om hun marketingstrategieën op af te stemmen. Ruim 90% van de bedrijven geeft aan social media in te zetten voor hun marketing, van productlancering tot klantondersteuning via een chatfunctie.

Facebook lijkt verreweg het meest populaire platform omdat zij simpelweg het bereik met de grootste demografische verspreiding hebben binnen de Verenigde Staten. Kijkende naar marketingcampagnes geeft in 2016 van de ondervraagde bedrijven aan ruim 11% van het marketingbudget te besteden aan campagnes op social media. Naar verwachting zal dit percentage in 2020 op 24% komen te liggen. Het medium groeit dus aan populariteit, evenredig aan de groei in gebruikers aantallen.

LinkedIn

Deze profielensite voor zowel (zakelijke) particulieren als bedrijven kende in 2016 Amerika al zo'n 128 miljoen actieve gebruikers. De dienst is in 2003 opgericht en is bedoeld om een profiel aan te maken, als digitale variant van een curriculum vitae. Het is vervolgens mogelijk om een sociaal (zakelijk) netwerk op te bouwen door connecties te maken, tevens is het mogelijk om bedrijven te volgen of toe te voegen aan je digitale cv. Tegenwoordig is het een veelgebruikt medium voor (corporate) recruiters om mensen te vinden en aan zich te binden.

Welke zoekmachines zijn er?

De veelgebruikte zoekmachines zijn in een top 5 uiteengezet.

Bedrijf	Dienst	Percentage USA	Percentage wereldwijd
Google sites	Google	63.4%	12.49%
Microsoft sites	Bing	22.8%	71.91%
Yahoo sites	Yahoo!	11.7%	5.46%
Ask Network	Ask.com	1.3%	5.5%
Aol inc.	AOL Search	0.8%	0.12%

Tabel 2: Percentage populariteit V.S. vs. wereldwijd

Gebruik

Waar Google in de V.S. veruit de grootse aantallen zoekacties verwerkt, is Bing (Microsoft) wereldwijd de marktleider geworden. Dit komt o.a. doordat het standaard in Microsoft Edge zit, de default browser in Windows 10.

Oorsprong

De zoekmachines zoals we deze vandaag de dag gebruiken vinden hun technologische oorsprong bij de geboren Duitser Gerard Salton. Deze professor en computertechnicus heeft verschillende diploma's behaald bij enkele gerenommeerde universiteiten. Hij wordt gezien als de grondlegger voor de wiskundige indexeringsmethoden zoals ze nog steeds gebruikt worden in zoekmachines. Uiteraard zijn deze verder verfijnd en verbeterd om beter aan te sluiten op het medium 'internet', wat destijds nog niet bestond. Wiskundig gezien is de werkwijze echter niet heel anders.

Regulering internet

De Verenigde Staten kennen een redelijk groot aantal internet aanbieders op verschillende technologieën. Bedrijven als Comcast, Charter, Altice en Mediacom zijn de grootste als het gaat om breedband (kabel) aanbieders. Daarnaast kennen we AT&T, Verizon en CenturyLink als het gaat om inbel-technologie zoals we dat ook in Nederland kennen als DSL. In totaal zijn de topaanbieders goed voor zo'n 93 miljoen vaste aansluitingen. Elke kwartaal komen daar zo'n miljoen aansluitingen bij.

Met zoveel gebruikers via verschillende aanbieders is het in de Verenigde Staten verrassend genoeg 'duidelijk' geregeld als het gaat om regulering van (het gebruik van) internet. Het land kent (nog) een minimale regulering van internet, wat in lijn ligt met de vrijheid van meningsuiting zoals we die ook in Nederland kennen. De Federal Communications Commission (FCC) is verantwoordelijk voor de regulering van het internet. De Verenigde Staten zijn enigszins uniek in de wereld omdat het al (vroeg) wetten had die bijvoorbeeld de verspreiding van kinderporno via internet strafbaar maakte. Waar andere landen over de wereld speciaal wetten hebben moeten aanpassen / aannemen om dit strafbaar te maken. Omdat het Internet praktisch in de Verenigde Staten is ontwikkeld is dit ook geen heel gek gegeven. Toch is het verder reguleren van internet momenteel onderwerp van discussie in de Amerikaanse politiek. Enigszins gedreven door de hedendaagse gevaren die de vrijheid van internet met zich mee brengt.

Casestudy

Met de opkomst van social media komen ook nieuwe vormen van criminaliteit opzetten. Van cyberpesten, identiteitsfraude, posten van 'haatporno' tot zelfs de eerste *live* uitgevoerde moord in Virginia (2015) via Facebook of Twitter beginnen helaas steeds 'normaler' te worden. Onderzoek toont aan dat slechts 15% van de ouders afweten van de dagelijkse social media activiteiten van hun kinderen. 22% van meisjes tussen de 10 en 20 geeft aan naaktfoto's of video's te hebben gepost of gedeeld via social media. 65% van de kinderen tussen de 8 en 14 geeft aan betrokken te zijn geweest bij online pesten. Tussen 2008 en 2012 steeg het aantal vermoedde misdrijven via Facebook of Twitter met 780%, precies tijdens de grote opkomst van het gebruik van social media. Dit afgezet tegenover de generieke misdaadcijfers in de V.S. die juist aan het afnemen zijn, tonen aan dat de meldingsbereidheid afneemt. Organisaties als *GuardChild* houden zich bezig met het verzamelen van gegevens over internetmisdrijven, gericht op kinderen. Eén van de speerpunten van de organisatie is het geven van voorlichting aan zowel kinderen als ouders als het gaat over internetgebruik en signaalherkenning.

België

Thierry Haverkamp

Inleiding

België, het land van de uitstekende bieren, de overheerlijke chocolade en Vlaamse friet, is het buurland van Nederland, Duitsland, Frankrijk en Luxemburg. Het land heeft zich afgescheiden van Nederland na de Belgische Revolutie in 1830 en is dus een vrij jong land. De Belgische cultuur heeft dan ook sterke overeenkomsten met de Nederlandse cultuur, maar ook grote verschillen die uiteindelijk leidden tot deze onafhankelijkheid.
Het land telt maar liefst 11,29 miljoen inwoners (2015) en is 30.528 km^2 groot. Sinds 1957 maakt België deel uit van de Europese Unie waarvan Brussel, de hoofdstad van België, tevens de hoofdstad van de EU is omdat het Europese Parlement daar gelokaliseerd is.
België is opgedeeld in 3 gewesten: het Vlaamse (Vlaanderen), het Waalse (Wallonië) en het Hoofdstedelijk Brusselse (Brussel). In algemene zin wordt er in Vlaanderen de Nederlandse taal gesproken, in Wallonië de Franse taal en in Brussel beide talen. Ook is er een klein gebied in het oosten van Wallonië, rondom de stad Eupen, waar ook Duits wordt gesproken.
Anno 2016 is met 6,6 miljoen gebruikers Facebook het meest gebruikte social media platform in België. Op de tweede plaats YouTube gevolgd door Instagram, Google Plus en Twitter. Social media wordt daar voornamelijk gebruikt voor het contact tussen familie en vrienden.

Culturele aspecten

België kent binnen het land een redelijk verdeelde cultuur. De tweedeling van Vlaanderen en Wallonië is niet alleen topografisch of taalkundig zichtbaar, maar dus ook in verschillende culturele aspecten. Duidelijke verschillen zijn er bijvoorbeeld in de gescheiden media, de leefomgeving, de mode, de muziekindustrie, het eten en het onderwijs. De Vlamingen en de Walen houden zich weinig bezig met hun "cultuurburen" en focussen zich vooral op de cultuur in het eigen gewest.

Overeenkomsten tussen de twee gewesten zijn er natuurlijk ook. Zo is België in het algemeen trots op hun nationale cultuuraspecten. Zo is er de biercultuur, de chocolade, de bekende stripboeken en de liefde voor de schoonheid van hun steden. De nationale festiviteiten, zoals bijvoorbeeld carnaval, worden ieder jaar uitbundig gevierd. De liefde voor sport, met name de nationale trots van de Rode Duivels, het Belgische nationale voetbalelftal, is overal aanwezig.

Hoe gebruikt men internet en social media?

Vanaf het jaar 2000 tot en met 2009 liep België in vergelijking met Nederland ver achter in internetgebruik. Dit komt mede doordat België pas 4 jaar later dan Nederland verbonden was met het internet in het begin van de jaren 90. In 2005 was dit verschil gebaseerd op het procentuele bevolkingsaantal het grootst met 25%. In 2015 was dit verschil nog maar 7% en zal naar verwachting steeds minder worden. De top 5 meest bezochte websites in België zijn:

1. Google.be
2. YouTube.com
3. Google.com
4. Facebook.com
5. Wikipedia.org

België is vergelijkbaar met Nederland qua social media gebruik. Facebook is het meest gebruikte platform en wordt vooral gebruikt voor particuliere doeleinden, zoals het onderhouden van familiebanden of vriendschappen en om te zien hoe het ervoor staat met iedereen. Opvallend is dat Facebook enkele jaren geleden sterk gedaald is in actief gebruik. De daling deed zich vooral voor bij het jongere segment van Facebookgebruikers omdat zij Facebook tegenwoordig gebruiken als een passieve tool om op de hoogte te blijven van updates zonder dat zij zelf informatie op hun tijdlijn posten. Het professional netwerk LinkedIn daarentegen is het sterkst groeiende platform van België.

Tabel 1 geeft een overzicht van het gebruik van de Top-6 social media platformen van België per leeftijdscategorie per maand van de totale bevolking van België.

Leeftijd	15-19	20-29	30-39	40-49	50-59	60-64	65+
Facebook	93,1%	94,4%	88,7%	73,4%	70,3%	58,8	32,0%
YouTube	82,9%	77,4%	64,6%	56,0%	35,5%	38,6%	14,2%
Instagram	70,5%	56,2%	40,9%	20,7%	11,2%	4,4%	3,0%
Google+	39,4%	28,3%	23,6%	27,8%	26,6%	21,8%	14,2%
LinkedIn	3,6%	28,8%	33,0%	29,1%	23,3%	8,2%	7,0%
Twitter	31,4%	30,5%	30,0%	25,6%	16,0%	7,0%	5,2%

Tabel 1: België –Top-6 Social media platform gebruikers per leeftijdscategorie

Netlog

Nederland kende van 2004 tot en met 2013 haar eigen social media platform genaamd Hyves. Zo had België in die periode ook haar eigen platform van 2006 tot en met 2014. Dit platform heette Netlog. Mede het opkomende succes van Facebook en de overstap van gebruikers daarheen liet het doek vallen voor Netlog in 2014.

Social media zakelijk inzetten

In België gebruikt maar liefst 3 miljoen mensen LinkedIn. Dit platform is gericht op het delen van zakelijke content voor werknemers en bedrijven om zo in contact met elkaar te kunnen komen voor werkgelegenheid en business doeleinden. Ook Facebook wordt gebruikt door bedrijven in België. Vaak worden er door bedrijven, in tegenstelling tot het strikt zakelijke van LinkedIn, op Facebook luchtigere, menselijkere posts gedeeld omdat Facebook merendeels een platform is voor privésituaties van mensen om in contact te blijven met vrienden en familie.

Welke zoekmachines zijn er?

De 5 meest gebruikte zoekmachines van België in 2017 staan op volgorde in de tabel hieronder. De nummer 1 van België en tevens een enorme voorkeur in Nederland, namelijk Google, is ook in deze tabel goed waarneembaar.

Zoekmachine	Percentage
Google	93,24%
Bing	4,24%
Yahoo!	1,13%
MSN	0,98%
DuckDuckGo	0,22%
Overige	0,21%

Tabel 3: België – Top 5 meest gebruikte zoekmachines.

Regulering internet

In België is er weinig tot geen internetregulering op waar men toegang tot mag hebben, mag publiceren en mag uitvoeren. België is een vrij land waar vrijheid van meningsuiting net als in Nederland in de grondwet staat. Als er bepaalde reguleringen worden ingevoerd gebeurt dit merendeels op Europees niveau. Dan kan je denken aan bijvoorbeeld de nieuwe set regels genaamd "Roam like at home" (RLAH), die ervoor zorgt dat het gebruik maken van mobiele data, bellen en sms'en zonder extra kosten binnen de Europese Unie mogelijk is. Deze wet is vanaf 15 juni 2017 van kracht. Uiteraard is het publiceren, het waarnemen en het uitvoeren van internetmateriaal wat per wet verboden is niet toegestaan. Denk aan zaken als fraude, stalking, kinderpornografie en pedofilie, schending van auteursrechten, kansspelen zonder vergunning etc. De Belgische politie heeft een speciale eenheid die onderzoek doen naar deze vormen van computercriminaliteit, waarna de betrokken criminelen gearresteerd en berecht kunnen worden. Dit is de zogenaamde "Federal Computer Crime Unit" (FCCU) en de "Regional Computer Crime Units" (RCCU's).
In Nederland is dit het "Nationaal Cyber Security Centrum" (NCSC).

Brazilie

Johannes van der Burg

Inleiding

Brazilië is het grootste land in Zuid-Amerika met meer dan 200 miljoen inwoners[1] en behoort tot de top 10 grootste landen van de wereld. Het Zuid-Amerikaanse land werd in het jaar 1500 opgeëist door *Pédro Álvares Cabral* toen hij voet aan wal zette. Dit was voor Europa de officiële ontdekking van Brazilië. Niet veel later werden door de Portugezen de eerste slaven ter werk gesteld in mijnen en suiker-plantages. Ongeveer 37% van de wereldwijde slavernij vond plaats in Brazilië. Uiteindelijk is in Brazilië de slavernij in 1888 officieel afgeschaft.
Het grootste regenwoud van de wereld, het Amazoneregenwoud, bevindt zich in Brazilië. Het is verspreid over meerdere landen in Zuid-Amerika waarvan 60% in Brazilië. Dit woud wordt echter ernstig bedreigd door ontbossing en vervuilingen en is er inmiddels 20% van het woud verdwenen. Sinds de 17e eeuw heeft Brazilië drie hoofdsteden gehad. Het was eerst Salvador da Bahia daarna Rio de Janeiro en sinds 1960 is Brasilia de hoofdstad van Brazilië.

Culturele aspecten

In Brazilië is de voertaal Portugees. De oorspronkelijke bewoners zijn de indianen. Echter met de komst van de Europeanen er ca. 700 indianenstammen verdwenen. Van de drie miljoen indianen zijn er na schatting nu nog 200.000 over. In de stedelijke gebieden is er een samensmelting van verschillende culturen wat een gevolg is van immigranten die uit alle hoeken van de wereld naar Brazilië zijn gekomen. São Paolo is de migrantenstad bij uitstek. Er zijn hier complete Arabische, Italiaanse en Japanse wijken te vinden. Over het algemeen heerst er een goede sfeer tussen de verschillende culturen al heeft de gekleurde bevolking het wel zwaarder ten opzichte van de blanke bevolking op het gebied van sociale en economische ontwikkeling.

Het jaarlijkse carnaval is, naast het voetballen, een van de hoogtepunten van de Brazilianen. Honderden sambascholen krijgen de mogelijk om in 80 minuten door de Sambadrome te trekken. Ze gaan onderling de strijd aan door de mooiste danseressen en praalwagens te laten zien. Op sommige dagen komen er meer dan 2 miljoen bezoekers op af.
De vlag van Brazilië bestaat uit een groen vierkant met daarin een gele ruit. Het groen staat symbool voor de bossen en het geel voor de welvaart. In het midden een blauwe wereldbol met daarin 27 sterren die de alle lidstaten van Brazilië vertegenwoordigen.
Kijken we kort naar *timemanagement*, dan is het niet gebruikelijk op om de afgesproken tijd te arriveren bij activiteiten. Kom bij de uitnodiging voor een diner niet eerder dan 30 minuten na de afgesproken tijd aan en kom zeker nog een half uur later bij een groot feest of evenement.

Hoe gebruikt men internet en social media?

In de stedelijke gebieden is 43% van de bevolking voorzien van een internetverbinding terwijl dit in de buitengebieden niet meer dan 10% betreft. 68% van de aansluitingen betreft een DSL of breedbandverbinding. Een groot deel van de bevolking heeft dus nog geen toegang tot internet.
De drie meeste gebruikte social media platformen in Brazilië zijn YouTube (63%), Facebook (62%) en WhatsApp (53%). Brazilië is verantwoordelijk voor 10% van het wereldwijde social media gebruik. Alleen in de Verenigde Staten is het gebruik nog hoger. Gemiddeld spendeert de Braziliaan per dag 3.8 uur aan social media. In 88% van de gevallen wordt er een mobiel apparaat (smartphone of tablet) gebruik om online te zijn terwijl het gebruik van een mobiel apparaat of desktop in Nederland meer in evenwicht is.

Welke platformen zijn er?

Brazilië heeft geen eigen social media platformen. Tot een aantal jaar geleden was Orkut (vergelijkbaar met Hyves in Nederland) nog een van de meeste gebruikte social media platformen totdat Google besloot te stoppen met de dienst. Onderstaande overzicht toont de penetratie van de verschillende social media platformen in Brazilië:

Social mediaplatform	Toepassing
YouTube	63%
Facebook	62%
WhatsApp	53%
Facebook Messenger	42%
Instagram	40%
Twitter	36%
LinkedIn	29%

Tabel 2: Brazilie- Social mediaplatformen

Social media zakelijk inzetten

In Brazilië is er geen strikte scheiding tussen privé en zakelijk. Ze hechten veel waarde aan de onderlinge en gemeenschappelijke relaties zowel privé als ook op zakelijk vlak. Veel Brazilianen voegen hun collega's toe als vriend op Facebook, inclusief hun baas. Voor onder andere Twitter en Instagram geldt hetzelfde waarbij er maar weinig Brazilianen zijn die aparte accounts hebben voor privé en zakelijk doeleinden. Een aantal tips die als handvaten gebruikt kunnen worden op de Braziliaanse social media:

- Persoonlijke marketing is belangrijk, en vermijd negativiteit.
- Wees niet te aanwezig op social media en zorg voor kwalitatief goede berichten.
- Plaats geen onzin of onwaarheden. Facebook en Twitter gelden als uitbreiding op je C.V.
- Vermijd politieke of religieuze onderwerpen.

Welke zoekmachines zijn er?

De volgende zoekmachines worden gebruikt in Brazilië waarbij Google verreweg het meest wordt gebruikt.

Percentage	Zoekmachine
97.01%	Google
1.59%	Bing
1.29%	Yahoo
0.04%	DuckDuckGo
0.02%	MSN
0.02%	Ask Jeeves

Tabel 3: Brazilië - Zoekmachines

Regulering internet

Waar Nederland een politieke partij heeft wat zich sterk maakt voor de rechten omtrent vrij internet heeft Brazilië een speciale internetgrondwet. In deze wet is bepaalt dat iedereen gelijke rechten heeft met betrekking tot toegang tot het internet en mogen providers geen onredelijk hoge tarieven vragen voor toegang tot diensten zoals Skype en YouTube.

Er wordt geen censuur toegepast al staat de persvrijheid wel onder druk doordat verschillende bloggers kritische berichten op het internet plaatsen over politici. Laatstgenoemde proberen op hun beurt de bloggers monddood te maken door ze aan te klagen op basis van pijn, smart, laster of smaad. Als gevolg hiervan hebben bloggers geldboetes gekregen, berichten moeten aanpassen of zelfs helemaal moeten verwijderen op last van de overheid. Afgezien van de angst voor aanklachten en rechtszaken tegen bloggers en journalisten is er geen sprake van regulering van het internet door de Braziliaanse overheid.

Case study

In 2015 heeft Netflix besloten haar marktaandeel in Brazilië te vergroten. Door 10 verschillende Braziliaanse films tegen elkaar laten strijden voor een Netflix Award moest er extra aandacht gecreëerd worden. De winner zou worden toegevoegd aan de wereldwijde catalogus van Netflix.
Voor het creëren van aandacht werd er een reclamecampagne opgezet via Facebook en Twitter. Gebruikers van beide social media platformen kregen de mogelijkheid om een stem uit te brengen op een van de 10 films. Door het aanbieden van prijzen werden de gebruikers overgehaald om te stemmen.

Met name Facebook werd gebruikt vanwege de grote reikwijdte van het medium maar ook om zoveel mogelijk aandacht te generen. Hierbij werd in eerste instantie gebruik gemaakt van gerichte advertenties die, nadat er een behoorlijk aantal nieuwe gebruikers lid waren van de Braziliaanse Facebookpagina van Netflix, werden deze vervangen door standaard Facebookadvertenties. De campagne werd een groot succes. De Netflix Facebook fanpage kreeg er binnen een maand 18% nieuwe leden bij. Ook werd er door lokale en nationale kranten ruimschoots aandacht besteed aan de Netflix campagne en werden er in totaal 56 artikelen opgesteld over de Netflix campagne. Met deze campagne toont Netflix aan het gebruikt van lokale middelen kan zorgen voor het vergroten van marktaandeel waaruit nieuwe klanten vloeien die lid worden van de dienst.

Bulgarije

Daan de Vries

Inleiding

Bulgarije is een land in Zuidoost-Europa met ruim zeven miljoen inwoners. Economische gezien is er de afgelopen jaren een stijgende lijn te zien in de in- en uitvoer tussen Nederland en Bulgarije. Bulgarije exporteert met name veel landbouwproducten, waarvan een groot deel van de export nog steeds naar ex-communistische landen gaat. Gezien de lage personeelskosten worden er veel banen, waaronder ook IT, geoutsourcet naar Bulgarije. Een recent voorbeeld hiervan is de outsourcing van een groot aantal IT-banen naar Sofia door ING België.

In een onderzoek naar geluk staat Bulgarije op plaats nummer 105 waarbij Nederland op plek 6 staat. Ten opzichte van 2005 is er wel een sterke groei te zien in het geluk dat de inwoners van Bulgarije ervaren.

De grootste bevolkingsgroep in Bulgarije zijn de Bulgaren (77%). De grootste minderheidsgroepen zijn Turken (8%) en Roma (4,4%). In een memorandum (februari 2017) vanuit de Europese Commissie wordt de regering van Bulgarije ervan beschuldigd dat deze inwoners met de Roma etniciteit discrimineert. Dit doet de Bulgaarse regering door anti-Roma campagnes te voeren waarbij huizen van Roma worden gesloopt en Roma inwoners worden uitgezet.

Culturele aspecten

De meeste Bulgaren zijn geboren in een gezin dat de Bulgaarse orthodoxe kerk aanhangt. De kerk heeft dan ook lange tijd een belangrijke rol gespeeld in Bulgarije. Na de ineenstorting van het communisme, is de populariteit van de kerk weer toegenomen. Mensen zijn weer meer gaan trouwen in de kerk en laten hun kinderen steeds vaker dopen in de kerk.

Het gezin speelt in Bulgarije een belangrijke rol. Vaak zijn er nog meerdere generaties van een familie in één huis te vinden. De familie is vaak erg close en vormen vaak een netwerk waarbinnen men elkaar helpt en ondersteunt. Wanneer je zaken gaat doen in Bulgarije is het van belang om eerst een relatie op te bouwen met de mensen van het bedrijf voordat je het over business gaat hebben. De eerste meeting die je hebt bij een bedrijf staat volledig in het teken van elkaar leren kennen. Wanneer men er eenmaal aan toe is om zaken te doen, gaat dit meestal zonder veel haast en is er doorgaans geen sprake van deadlines. Het is van belang om formeel en professioneel te blijven tijdens zakelijke gesprekken, informeel gedrag wordt tijdens een zakelijke meeting niet gewaardeerd.

Hoe gebruikt men internet en social media?

Ondanks een enorme groei van het internet gebruik in Bulgarije, heeft een derde deel van de inwoners nog geen toegang tot internet. In Bulgarije maken vooral jongeren veel gebruik van internet. Wel is het zo dat percentueel gezien het aantal breedband verbindingen in Bulgarije het laagste is van de landen binnen Europa.

Leeftijd	16-24	25-34	35-44	45-54	55+
Gebruik	97%	92%	88%	79%	76%

Tabel 1: Bulgarije - Gebruikers op leeftijd

Social media zakelijk inzetten

Naast traditionele vormen van marketing zoals vakbladen en beurzen wordt er steeds meer gebruik gemaakt van advertenties op webpagina's en social media. Zoals over de hele wereld is het zakelijk gebruik van social media sterk aan het groeien. Van de bedrijven in Bulgarije maakt 31,7% gebruik van social media. Dit lage aantal bedrijven dat online actief is, is ook terug te zien in het gebruik van webwinkels. Slecht 28% van de internetgebruikers doet weleens online aankopen.

Welke zoekmachines zijn er?

De volgende zoekmachines worden gebruikt in Bulgarije:

Percentage	Zoekmachine
97.95%	Google
0,97%	Bing
0,73	Yahoo
0,1	Mail.ru

Tabel 3: Bulgarije - Zoekmachines

Regulering internet

In Bulgarije is geen sprake van internet regulering. Alle inwoners hebben vrij toegang tot het gehele internet en worden daarbij niet gecontroleerd door de overheid. Wel is er een beschuldiging geweest vanuit non-gouvernementele organisaties dat de Bulgaarse overheid misbruik maakt van mazen in de wet waardoor nationale opsporingsdiensten toegang kunnen krijgen tot de logs van internetgebruikers zonder tussenkomst van de rechter.

Case study

Waar in eerste instantie social media met name werd ingezet om producten te promoten, maken ook steeds meer politici gebruik van social media om hun standpunten onder de aandacht te brengen. Bij de recente aanslagen in Londen (3 juni 2017) liet de president van Bulgarije, Roumen Radev, via Twitter blijken dat hij meeleeft met de slachtoffers van de aanslag. Daarnaast heeft Roumen Radev tijdens de periode voor de verkiezingen veelvuldig gebruik gemaakt van Twitter om mensen aan zich te binden. Ook was Roumen Radev in april 2017 één van de sprekers tijdens Webit, een congres waar de digitale toekomst van Europa werd besproken.

Emiraten, Verenigde Arabische

Nick van Berge

Inleiding

De Verenigde Arabische Emiraten, ook wel bekend als VAE of de Engelse vertaling UAE, is een land in Azië dat aan Saoedi-Arabië en Oman grenst. Het land heeft zijn naam te danken aan het feit dat het land zeven emiraten omvat, namelijk Abu Dhabi, Dubai, Sharjah, Umm Al Qaywayn Ras al-Khaimah en Fujarah.

Het gebied van de huidige VAE is eeuwenlang het strijdtoneel geweest van de verschillende stammen welke elkaar constant bevochten. Veel van deze stammen hielden zich onder andere ook bezig met piraterij, waardoor het gebied ook bekend stond als de piratenkust. Omdat er belangrijke vaarroutes naar het oosten langs het gebied liepen, besloot het westen (met weinig succes) de piraterij te bestrijden. Het waren de Britten welke begin 19e besloten in te grijpen, en begonnen in 1819 een expeditie tegen Ras Al-Khaimah. Hoewel de meeste sjeiks daarna beloofden te stoppen met piraterij bleef de zeeroute onveilig. Om hier definitief een halt toe te roepen dwongen de Britten de sjeikdommen tot een verdrag waarbij de vrede naar Britse voorwaarden werd vastgelegd, waardoor de Verdragstaten te stichten. Deze benaming werd gebruikt om de sjeikdommen te identificeren welke tegenwoordig tot de Verenigde Arabische Emiraten horen. Dit verdrag garandeerde de emiraten ook de bescherming door de Britten. In 1968 kondigde de Britten aan dat zij in 1971 het verdrag zouden beëindigen. Toen het verdrag uiteindelijk op 1 december 1971 verliep, werden de voormalig verdragstaten weer volledig onafhankelijk. De huidige VAE is ontstaan op 2 december 1971, de dag na het ontbinden van het verdrag, als een federatie. Op deze datum voegde zes van de zeven emiraten zich samen tot deze federatie. Het laatste emiraat, Ras Al Khaimah, voegde zich enkele maanden later op 10 februari 1972 toe aan de federatie welke inmiddels bekend is als de Verenigde Arabische Emiraten.

Politiek
Het huidige staatshoofd is Khalifa bin Zayed Al Nahayan, welke deze positie bekleed sinds 2004 nadat zijn vader Zayid bin Sultan al Nuhayyan overleed, welke de positie bekleedde vanaf het moment dat de VAE gesticht is tot zijn dood in 2004. De regeringsleider is Vicepresident en premier Mohammed Bin Rasjid Al Maktoem sinds 2006. Het parlement bestaat voor de helft uit leden gekozen door de emirs, en sinds december 2006 bestaat de andere helft uit parlementsleden welke door mannelijke stemgerechtigden zijn gekozen.

Economie
Het land is een belangrijk producten van aardolie. Het land is ook onderdeel van de "Organisatie van olie-exporterende landen", ook wel bekend als OPEC. Binnen de OPEC is de VAE één van de vijf grootste producten van ruwe aardolie. Het grootste gedeelte van de olieproductie wordt gerealiseerd in het deelemiraat Abu Dhabi. Statistieken laten zien dat mede door deze olieproductie de VAE tot één van de snelst groeiende economieën ter wereld behoord. Sinds de jaren 90 heeft de overheid ervoor gekozen om rigoureus te investeren in het ontwikkelen van de infrastructuur van het land. Er zijn verschillende schattingen over de groei van de VAE op economisch gebied. In 2014 was het bruto nationaal product van de VAE circa 400 miljard Dollar.

Bevolking
In 2017 had de VAE ongeveer 9.390.000 inwoners. Volgens een consensus uit 2005 bestond de populatie op dat moment voor 76% uit Moslims, 9% Christelijk en 15% volgde overige godsdiensten.

Culturele aspecten

De VAE bevatten een grote schat aan cultureel erfgoed. Het veelzijdige gebied met woestijnen, oases, bergen en lange kustlijnen heeft ervoor gezorgd dat er een veelvoud aan traditionele leefwijzen is ontstaan. De uitdagingen welke deze verschillende soorten terrein met zich meebrachten is de reden dat de vroegere en huidige inwoners van het gebied zo vindingrijk en volhardend zijn. Het land is van origine opgebouwd in een stammen-structuur. Ondanks dat er tussen de stammen in het verleden vaak conflicten plaatsvonden, is de gezamenlijke religie, de Islam, het verbindend element in de huidige samenleving.

Sociale laagvorming

Nadat de Britten zich terugtrokken uit het verdrag in 1971 waren de inwoners van de toekomstige VAE achter gesteld qua educatie en levenstandaard. Tijdens een consensus in 1975 bleek 46% van de mannen en 69% van de vrouwen analfabetisch te zijn. Inmiddels is dit percentage gedaald tot 5% van de populatie. Dubai heeft zodoende grote stappen voorwaarts gemaakt in het moderniseren van haar infrastructuur, en het verbeteren van de levensstandaard voor haar inwoners.

Monarchie en vrijheden

De VAE is opgesteld als een absolute monarchie. Er zijn verscheidene onderzoeken welke aangeven dat de vrijheid in het land onder druk staat. Het land scoort 20 van de 100 wat betreft algemene vrijheid. Qua politieke rechten scoort het land 7 van de 40 punten, en op civiele vrijheden 13 van de 60 punten. Het rechtssysteem van het land is een derivaat van het civiele rechten systeem en Sharia wetgeving. Dit heeft als resultaat dat zweepslagen en stenigen nog steeds als valide strafmaatregelen worden gezien in de VAE.

Leiderschap

Het emiraat Abu Dhabi bestuurt sinds de oprichting in 1971 de federatie haar presidentiele macht, welke van familielid naar familielid wordt overgegeven zoals dit is gebeurd in 2006 toen Sheikh Mohammed Bin Rashid al-Maktoum zijn overleden broer opvolgde als heerser van de het emiraat Dubai, en als premier van de VAE.

Hoe gebruikt men internet en social media

De VAE investeert sinds de jaren 90 enorm veel geld om haar infrastructuur toekomstbestendig te maken. Een van de voordelen welke hiermee is ontstaan is dat de internetpenetratie in de VAE bovengemiddeld hoog is voor een Arabisch land, namelijk 91%.

De inwoners van de VAE zijn vanwege het tempo waarmee de regio ontwikkelt, misschien daarom ook wel een van de snelste *early adopters* van de een van de grootste ontwikkelingen van de afgelopen jaren is geweest: Social media. In 2012 maakte de internetgebruikers in de VAE samen met Saudi-Arabië zelfs 80% op van het totale aantal Facebook gebruikers in de Golfregio.

De opkomst van de Arabische Lente in 2011 heeft ervoor gezorgd dat een nog groter gedeelte van de samenleving geïnteresseerd is geraakt in het gebruik van internet, en specifiek social media. Inmiddels worden deze sociale netwerken gebruikt om te informeren, mobiliseren, vermaken, het creëren van online-gemeenschappen, verhogen van transparantie en trachten de overheid verantwoordelijk te stellen voor haar daden en beslissingen. De opkomst van social media in de Arabische wereld wordt ook weleens gezien als een ongekende en dramatische verbetering van vrijheid van meningsuiting, associatie en toegang tot informatie in de Arabische wereld.

Het gebruik van social media is dan ook exponentieel vergroot in de afgelopen jaren. Inmiddels is 90% van de internetgebruikers op Facebook, 51% op Twitter en 50% op YouTube actief. Berichtendienst WhatsApp werd in 2015 door 82% van de smartphonegebruiker gebruikt. Social media is vooral erg populair bij jongeren, waarbij ongeveer 70% van de gebruikers in de Arabische wereld tussen de 15 en 29 jaar is, dit percentage lijkt maar licht te fluctueren over de jaren. Van alle gebruikers van Facebook is 67% mannelijk, en 33% vrouwelijke gebruikers. Deze cijfers fluctueren ook maar licht sinds april 2011. Dit is lager dan de globale trend, waarbij vrouwen gemiddeld de helft van de gebruikers uitmaken. Vier op de vijf gebruikers van social media geven dan aan dat sociale media het makkelijker maakt om te verbinden met andere mensen, en de wereld zoals we die kennen permanent heeft veranderd. Aan de andere kant geven maar twee op de vijf gebruikers aan dat ze sociale media vertrouwen of het helpt hun tradities en gebruiken te waarborgen.

Welke platformen zijn er?

De meest gebruikte social media platformen in de VAE op basis van lidmaatschap:

Website	Percentage*
Facebook	90%
Instagram	56%
Twitter	51%
YouTube	50%
Google+	29%
LinkedIn	18%

Tabel 1: Gebruikte social media platformen

** Percentage van onlinegebruikers*

Twitter

Twitter is voornamelijk populair geworden in de Arabische wereld tijdens de Arabische Lente, waardoor de protestanten gezamenlijk konden communiceren met elkaar. In de VAE logt 37% van de gebruikers van Twitter dagelijks in.

Facebook

In de VAE geeft 39% van de ondervraagden aan dat Facebook het preferente platform is als social mediakanaal. 84% verbind hiervan met Facebook via de applicatie op hun smartphone. Verder heeft 90% van de internetgebruikers in de VAE een Facebook-account, en gebruikt 89% deze op een dagelijkse basis. Van deze bezoeker is ongeveer 70% van de gebruikers tussen de 15 en 29 jaar.

Instagram

Instagram staat in de VAE op de tweede plek achter Facebook als meest gebruikte social media platform, met 56% van de internetgebruikers welke de dienst gebruikt. Dagelijks logt 86% van de Instagram gebruikers dagelijks minimaal één keer in. Van alle gebruikers maakt 54% gebruik van de Instagram App om de dienst te gebruiken

Zakelijke inzet van social media

Sociale media zijn als platform zeer aantrekkelijk voor zakelijke doeleinden. Hierbij kan worden gedacht aan het aanbieden van advertenties, het creëren van naamsbekendheid, en het verkopen van artikelen. Wanneer men zakelijk gebruik wil gaan maken van social media zal er wel rekening moeten worden gehouden met de lokale cultuur van de VAE. Zo is bijvoorbeeld het gebruiken van schaars geklede vrouwen in reclames sterk af te raden.

Zakelijke groei

Inmiddels heeft de gehele Arabische regio inmiddels de kracht van social media en de impact welke deze heeft op zakelijke groei herkend. Social media wordt gezien als een hulpmiddel om werk te kunnen versnellen, en veel bedrijven zorgen er dan ook voor dat zij ook in social media zichzelf vertegenwoordigen. De opkomst van social media heeft het ook voor bedrijven in de Arabische wereld makkelijker gemaakt om direct contact te hebben met de klant via apps, maar ook om aantrekkelijke beelden te gebruiken om producten te verkopen.

Verbeteren van imago

Bedrijven welke een online aanwezigheid hebben, worden vaker gezien als moderne bedrijven. De relatie tussen de klant en het merk wordt vervolgens ook versterkt, en de feedback wordt real time teruggekoppeld vanuit de gebruikers. Er zit echter ook een gevaar aan deze strategie: Wanneer onjuist wordt omgesprongen met de online aanwezigheid kan deze zich ook tegen het bedrijf keren, waardoor imagoschade kan ontstaan.

LinkedIn

Het professionele social medianetwerk LinkedIn is in de VAE ook populair. 18% van de internetgebruikers heeft een account bij LinkedIn. Ondanks dat dit getal lager is dan het aantal gebruikers van de andere sociale platformen, is dit niet geheel onlogisch gezien de demografie van de gebruikers zich beperkt tot werkende professionals. Wel valt op dat 55% van de LinkedIn VAE gebruikers dagelijks inlogt.
Het platform geeft bedrijven en werkenden de mogelijkheid om de juiste match te vinden. De aanwezigheid van een bedrijf op LinkedIn verbeterd ook

weer de online zichtbaarheid van het bedrijf, en kan worden gezien als een advertentiemiddel.

Welke zoekmachines zijn er?

Internetgebruikers in de VAE zijn eenduidig met hun voorkeur voor zoekwebsites. Google.ae staat zodanig dan ook met stip op de eerste plek, gevolgd door Google.com. Op de tweede plek staat Yahoo.com, en als derde Live.com. Opvallend feit is dat de vierde plek weer wordt ingenomen door Google.co.in, de Indiase variant van de zoekengine. Dit is te wijten aan het aantal Indische gastarbeiders in het land.

Regulering internet

De VAE staat erom bekend strikte reguleringen te hebben met betrekking tot het gebruik van internet voor haar inwoners. De emiraten hebben hiervoor de TRA ofwel de *Telecommunications Regulatory Authority* opgericht.

Sociale media platforms worden hevig gemonitord door de overheid. Ondanks dat de overheid aangeeft respect te hebben voor de privacy van haar inwoners, is dat niet het geval van openheid op internet. Kritische discussies met betrekking tot een aantal onderwerpen, zoals wetgeving van de overheid en haar functionarissen, de regerende familie of Islam zijn verboden.

Om dit mogelijk te maken zijn er verscheidene wetten in het leven geroepen om onder andere bovenstaand gedrag te veroordelen, zoals de in 2012 aangenomen cyberwet waarin dit gedrag wordt bestraft. Veel van deze wetten zijn breed in het omschrijven van de strafbare feiten, zoals de in augustus 2014 aangenomen antiterrorisme wet waarin lange gevangenisstraffen worden opgelegd aan delicten zoals "elk ieder persoon die zijn animositeit of gebrek aan alliantie aan de staat openlijk uitspreekt". Vanwege deze wetten en regelgevingen geeft *Freedomhouse*, een instantie die de vrijheid en restricties in landen controleert, dan ook de status *Niet vrij*.

De volgende websites worden geblokkeerd in de VAE:

- Internetsites met hierop informatie met betrekking tot het omzeilen van de content filtering;
- Internetsites met hierop informatie met betrekking tot het leren van criminele vaardigheden;
- Datingsites welke de ethische normen en waarden van de VAE niet volgen;
- Internetsites met hierop informatie met betrekking tot drugs;
- Internetsites met pornografische of naaktbeelden;
- Internetsites waarop kan worden gegokt;
- Internetsites met hierop informatie met betrekking tot hacken of kwaadaardige code;
- Internetsites welke als beledigend tegenover religie worden gezien;
- Internetsites met phising inhoud;
- Internetsites waarop Spyware kan worden gedownload;
- Internet content providers welke gebruik maken van niet gelicentieerde VoIP service;
- Internetsites met hierop inhoud welke is gericht op terrorisme;
- Internetsites van bepaalde geblokkeerde Top Level Domeinen;

Casestudy

In september 2016 vloog YouTube ster Casey Neistat vanuit Dubai terug naar New York met een vlucht van Emirates Airlines, de nationale luchtvaartmaatschappij van de VAE. Bij het inchecken wordt hem verteld dat zijn ticket gratis was geüpgraded naar een 1ste klas ticket. Casey, bekend van YouTube onder andere voor het streamen van zijn leven, besloot vervolgens om de reiservaring te documenteren voor zijn YouTube publiek (inmiddels 7,2 miljoen abonnees). Na een snelle zoektocht op internet bleek de ticket upgrade normaliter ruim $21.000 Dollar te kosten. Tijdens zijn 14-urige vlucht filmt hij alles terwijl hij aan alle gemakken welke de eerste klas reis hem bood, zoals een afgesloten "cabine" waarin hij totale privacy genoot, een stoel die veranderde in een bed en zelfs de mogelijkheid om te douchen op 12 kilometer hoogte voor de landing. Het filmpje is inmiddels al meer dan 38 miljoen keer bekeken op YouTube, wat het Casey zijn best bekeken video op het online platform heeft gemaakt. Casey heeft zelf aangegeven niet af te weten van de upgrade, desondanks zijn er berichten dat het marketingteam van Emirates zijn filmpje van de vlucht naar Dubai hebben gezien, en besloten hebben zijn vlucht op de terugweg een upgrade te geven om het image van het bedrijf te sterken door de luxe en service tentoon te stellen. De populariteit van de vliegtuig-maatschappij is in 2016, mogelijk mede dankzij het filmpje, van een dusdanig hoog niveau dat Emirates Airlines in 2017 is verkozen tot beste luchtvaart-maatschappij ter wereld.

Groenland

Yuri Reyes Rios

Inleiding

Het is rond het jaar 1000 na Christus, wanneer de Viking Erik de Rode op IJsland in de problemen komt en besluit om over de zee naar het westen te vluchten. Daar stuit hij op een land dat hij Groenland noemt. Terug in IJsland het nieuwe land als groen en vruchtbaar noemde en het daardoor Groenland noemt. Volgens sommigen om het land te promoten, maar volgens sommige wetenschappers, streek hij toevallig neer in een gebied wat in de zomer helemaal groen wordt en het daardoor Groenland is genoemd. Het grootste eiland van de wereld is 2,16 miljoen vierkante kilometer groot. Gelegen tussen de Atlantische oceaan en de noordelijke ijszee, grotendeels bedekt door ijskappen. De ijskappen zijn duizenden jaren oud en ontstaan voor, tijdens en na de ijstijd. Smeltende ijskappen die dreigen te smelten door opwarming van de aarde en een lange historie verborgen in de lagen van de ijskappen tenietdoen. Een groot deel van Groenland is bedekt door ijs, maar kan in de zomer in sommige delen van het land helemaal groen worden. Door de opwarming van de aarde smelten van de ijskappen op Groenland permanent en zal dit een nieuw toevluchtsoord worden voor mensen die nieuw land en grondstoffen, zoals olie, zoeken.

Culturele aspecten

Hoewel de Vikingen waarschijnlijk via Groenland per ongeluk ook het continent America hadden ontdekt en daar ook sinds het jaar 1000 nederzettingen hadden, is Groenland altijd dunbevolkt geweest en is hedendaags nog steeds dunbevolkt door maar 57600 mensen. De bevolking bestaat grotendeels uit een mengelmoes van Denen en Inuit, die zo een 88 % van de bevolking deel van uit maakt. Mensen spreken er Kalaallisut en Deens. En zijn heel erg gastvrij. De huizen zijn allemaal met felle kleuren geschilderd. Iets wat uit de Deense cultuur is overgenomen of meegenomen.

De vlag van Groenland is horizontaal voor de helft aan de bovenkant rood en aan de onderkant wit, met in het midden een rondje dat horizontaal wordt afgesneden in de tegenstelde kleuren van de rest van de vlag. Het rondje is boven wit en onder dus rood. Het witte gedeelte van de vlag vertegenwoordigen de ijskappen op Groenland.

Hoe gebruikt men internet en social media?

Via Tele Greenland, de enige ISP (internet Service Provider) wordt Groenland verbonden met de rest van de Wereld. De telecommunicatie-kabel die hiervoor zorgt, ligt in de oceaan en verbindt Groenland met Canada. In het land geregistreerde webpagina's eindigen op .GL
Het aantal personen met toegang tot het wereldwijde web bedraagt 37,442, oftewel 64,9 procent van de bevolking.

Welke platformen zijn er?

Groenland heeft geen eigen platformen voor social media, maar gebruikt de bestaande westerse platformen. De laatste metingen uit april 2017 laten zien dat facebook veruit het meest gebruikt wordt als social mediaplatform.

Social mediaplatform	Toepassing
Facebook	83.81%
Pinterest	12.39%
Tumblr	1.33%
Twitter	0.95%
Reddit	0.72%
Instagram	0.32%

Tabel 2: Groenland- Social mediaplatformen

Welke zoekmachines zijn er?

De laatste metingen uit december 2016 laten zien dat Google veruit het meest gebruikt wordt als zoekmachine. De volgende zoekmachines worden gebruikt in Groenland:

Percentage	Zoekmachine
94,5%	Google
4,42%	Bing
0,81%	Yahoo
0.21%	DuckDuckGo
0.03%	Ask Jeeves
0.01%	Yandex Ru

Tabel 3: Groenland - Zoekmachines

Er zijn ook enkele lokale zoekmachines, zoals *firstnationsseeker*. Deze lijkt op een website gemaakt door kinderen. De zoekmachine DMOZ, is sinds 17 mei 2017 niet meer in de lucht is.

Regulering internet

Hoewel Groenland voor bepaalde zaken onder het koninkrijk van Denemarken valt, worden monetaire zaken, politiediensten, binnenlandse en buitenlandse veiligheid wel onder autonoom bestuur van Groenland geplaatst. Groenlanders hebben verder wel dezelfde rechten als Denen op het Europese continent.

Indonesië

Jeroen Te Water

Inleiding

Indonesië is een republiek in Zuidoost-Azië met een inwonersaantal van 258 miljoen die zijn verdeeld over een schatting uiteenlopend van 13.000 tot meer dan 18.000 eilanden. De meest accurate telling heeft plaatsgevonden gedurende 2015 en 2016 door het Ministerie van Maritieme Zaken en Visserij, toen kwam men op het precieze aantal van 14.572. De metropool Groot-Jakarta is na Tokio de grootste van de wereld met 31.5 miljoen inwoners. Indonesië heeft een rijke geschiedenis met invloeden vanuit diverse hoeken van de wereld waarbij de oorsprong teruggaat naar 1,5 tot 1,6 miljoen jaar geleden. In Sangiran zijn in 2007 menselijke botten gevonden die geanalyseerd zijn naar ongeveer deze tijd. Vanaf de tweede eeuw voor christus kwam er vanuit de Indiase dynastie andere religies mee naar Indonesië, Hindoeïsme en boeddhisme. Die werden gevolgd door de Islam die via de moslim handelaren de dertiende eeuw het land binnenkwam. In het begin van de zestiende eeuw veroverde Portugal Malakka. Zij streefde een monopolypositie na wat betreft de handel in de belangrijkste kruiden en wilde de bevolking winnen voor het christelijk geloof. Echter moesten de Portugezen hun invloed beperken tot een aantal eilanden door dat de Nederlanders kort na hen arriveerde en ze zich hiertegen af moesten leggen. Dit was het tijdperk van de Verenigde Oost-Indisch Compagnie (VOC) wat duurde tot 1816 toen het werd overgedragen aan het nieuwgevormde Verenigd Koninkrijk der Nederlanden en officieel de naam Nederlands-Indië kreeg. In 1908 werd door onder andere arts Soetomo de eerste socialistische partij opgericht “Budi Utomo” wat de inleiding is Republiek Indonesië vond plaats in 1956. Daarna is het nog lang onrustig geweest met het afzetten van president Soeharto “de Kudeta” (van het Franse "coup d'état"). Onder het bewind van president Soeharto kende Indonesië aan het einde van de jaren zestig tot in de jaren negentig een economische groei van acht tot tien procent per jaar. Maar door de crisis van 1998 en de vermeende corruptie van de president moest ook hij gedwongen aftreden. Indonesië is een land waarin veel onrust is geweest de afgelopen eeuw. Met al negatief hoogtepunt dat in 2004 Indonesië getroffen werd door een tsunami waarbij een kwart miljoen mensen om het leven kwamen. En als hoogtepunt de uiteindelijke onafhankelijkheid. Dit zou na de Japanse bezetting en de capitulatie plaatsvinden, op 17 augustus 1945. Onder Amerikaanse druk erkende Nederland de onafhankelijkheid op 27 december 1949.

Culturele aspecten

De schoonheid van de natuur weerspiegeld de cultuur van Indonesië. Deze is vandaag de dag gevormd door eeuwenoude tradities uit o.a. India, China en het Midden-Oosten en westerse invloeden van Portugese handelaren en Nederlandse kolonisten. De religies hebben een grote invloed gehad op de cultuur van Indonesië. Hoewel Indonesië het grootste moslimland ter wereld is (215 miljoen volgers), hebben invloeden uit het Hindoeïsme en het Boeddhisme nog steeds invloed op het dagelijkse leven. Over het algemeen zijn de inwoners van Indonesië religieus van aard.

Hoewel de jeugd in Indonesië, en met name in de grote steden, modern is en internationale trends volgen, blijven koppels als het gaat om bruiloften, trouw aan de tradities van hun ouders. Bij gemengde koppels kan het voorkomen dat de bruiloft in de tradities van de familie van de bruid gehouden wordt, terwijl de receptie met uitgebreide en traditionele kostuums de etnische tradities van de bruidegom volgen, of vice versa. Het bijwonen van een bruiloft of de receptie is een zeer goede manier om kennis te maken met de Indonesische cultuur en tradities. Voor Indonesiërs zijn bruiloften vaak ook gelegenheden om iemands sociale status, rijkdom en gevoel voor mode te laten zien. Zelfs in dorpen genieten honderden of zelfs duizenden genodigden van de bruiloft en het entertainment en feliciteren ze de ouders die op het podium voor het bruidspaar zitten.

Hoe gebruikt men internet en social media?

Door betaalbare databundels is Indonesië een groeimarkt voor internet verkopen. Daarom is het overgrote deel van Indonesië ook te vinden op het internet via de mobiele telefoon, net als 90% van de internetgebruikers in de wereld. Waar voorheen de internetcafés nog de belangrijkste bron waren betreft het internetverkeer, zie je tegenwoordig iedereen connectie maken met haar smartphone. Indonesiërs zijn ook veel te vinden op social media (Facebook, Twitter en Instagram), Jakarta is de stad met de een na hoogste gebruikersaantallen van Facebook in de gehele wereld.

De vooruitzichten voor de economie omtrent internet zijn gunstig, dit komt door de groeiende en verbeterde distributiemogelijkheden, logistiek en steeds ruimere beschikbaarheid van (mobiel) internet. Dit biedt volop mogelijkheden voor expansie en maakt Indonesië een interessante groeimarkt. Onderstaande tabel geeft het percentage weer van social media gebruik geselecteerd op leeftijdsgroepen.

Leeftijd	10-19	20-29	26-29	30-35
Facebook	80,9%	86,1%	89,4%	94,2%
Instagram	73,6%	73,8%	63,8%	55,8%
Twitter	39,1%	41,5%	43,0%	39,6%
Google+	26,6%	20,1%	17,4%	20,8%
Path	26,4%	40,8%	33,8%	30,5%

Tabel 1: Indonesië – percentage van leeftijdscategorieën

Ten opzichte van 2016 is het gebruik van social media in Indonesië gestegen met 34% en de totale internetgebruikers is zelfs met 51% gestegen, wat ook weer de potentiele groei laat zien naar de toekomst. Met een gemiddelde besteding van drie uur en zestien minuten per dag. Deze potentie is ook opgevallen door Apple die voor 44 miljoen een R&D-centrum opent in 2017 om de iPhone te mogen verkopen in het land.

Welke platformen zijn er?

Wereldwijd worden de social media platformen door bijna 2,8 miljard gebruikers benaderd. 40% van de totale bevolking van Indonesië maakt hier ook maandelijks gebruik van. Facebook is verreweg het platform die de meeste gebruikers kent (bijna 1,9 miljard). 6% (106 miljoen) van deze gebruikers zijn woon achtend in Indonesië. Onderstaande tabel geeft weer wat het aandeel is betreft social media gebruik onderverdeeld over de platformen die in Indonesië het meest worden gebruikt.

Percentage	Social media platform
95.65 %	Facebook
1.70 %	Twiter
1.32 %	Pinterest
0.47 %	Instagram
0.30 %	Tumblr
0.18 %	YouTube

Tabel 2: Indonesië - Social mediaplatformen

Hoe wordt social media zakelijk het beste ingezet?

In Indonesië gebruikt men internet en social media voornamelijk als een platform om goederen te kopen, verkopen en nieuwe markten aan te boren. Veel bedrijven maken gebruik van populaire sterren om via de social mediakanalen hun producten te promoten. Door betere distributie-mogelijkheden, logistiek en betere beschikbaarheid van (mobiel)internet, is Indonesië een echte groeimarkt voor internetverkopen. 41% van de totale bevolking in Indonesië heeft afgelopen maand een aankoop gedaan via het internet en in 33% is dit gedaan met een mobiele telefoon.

Welke zoekmachines zijn er?

Door het hoge gebruik van mobiel internet zie je een relatief sterk aandeel van Google, aangezien dit in veel gevallen de vaste/standaard zoekmachine is bij een standaard installatie van een mobiel besturingssysteem. Mede omdat het markaandeel van Samsung en OPPO hoger is dan dat van de iPhone. Daarnaast volgt Indonesië ook de wereldwijde top drie bestaand uit Google, bing en Yahoo. De volgende zoekmachines worden gebruikt in Indonesië met het percentage van de totale gebruikers:

Bedrijf	Dienst	Indonesie	Percentage wereldwijd
Google sites	Google	92.49 %	12.49%
Microsoft sites	Bing	2.89 %	71.91%
Yahoo sites	Yahoo!	2.01 %	5.46%
Baidu sites	Baidu	1.11 %	5.5%
Tandex sites	Yandex RU	0.36 %	0.12%

Tabel 3: Indonesië – Zoekmachines

Regulering internet

Zoals aangegeven is Indonesië een groeimarkt op het gebied van internet, door onder andere de achterblijvende infrastructuur is het lastig om te voldoen aan alle voorwaarden van internet gebruik en de regulering hiervan. Indonesië wordt vanuit cyber governance ook gezien als een zogenoemde "Swing State". Dit houdt in dat ze de wil om bij te dragen aan de wereldwijde normen van de 21e eeuw, maar ze kijken welke benadering het meest aansluit bij hun nationale belangen. Het nationale belang wordt grotendeels gedreven door de religie (Islam) en de politiek. In maart 2008 is er een wetregel toegevoegd (ITE Law) die het ministerie meer rechten geeft voor de controle op de stromingen van informatie en de censuur schap van onlineinformatie. In 2013 heeft het ministerie van defensie van Indonesië zelfs een voorstel gedaan om een "Cyber Army" op te stellen om zo de landelijke portalen en websites te beschermen.

Case study

In de case study "Social Media and Politics: Examining Indonesians' Political Knowledge on Facebook" wordt bekeken hoe groot de politieke kennis is van een specifieke groep facebook gebruikers met betrekking tot de corruptie binnen de politiek.
Facebook is in Indonesië een belangrijk onderdeel geworden van het dagelijks leven van de Indonesiërs. Meer dan 50 miljoen actieve gebruikers wat Indonesië tot de vier na grootste facebook gebruikers maakt van de wereld.
In de case study werd gekeken naar de specifieke facebook groep "The movement of one million Facebookers to support Chndra Hamzah and Bibit Samad Riyanto" hieruit kwam naar voren dat de mensen die frequent de site bezoeken zich lieten informeren door meerderen bronnen dan alleen Facebook. En ze goed op de hoogte waren van de huidige zaken in de samenleving. Een groot deel (70%) van de vragen omtrent de politieke situatie worden door de respondenten goed beantwoord. Mensen lieten een hoog kennisniveau zien ten aanzien van KPK en de gevestigde politici die betrokken waren bij de recente gevallen van corruptie in hun land.
De conclusie is dat het hoge kennisniveau van de facebookgroep afhankelijk is van de externe bronnen (Omroep, print en online media) die worden aangesproken door een groot deel van de gebruikers.

Iran ایران

Maartje de Groot

Inleiding

Iran officieel: Islamitische Republiek Iran ligt in het Midden-Oosten en grenst aan 6 verschillende landen. Het land telt bijna 83 miljoen inwoners waarvan er ruim 10 miljoen in de hoofdstad Teheran wonen. De voertaal is Perzisch en 98% van de bevolking is islamitisch. Iran heeft een oppervlakte van 1.628.750 km². Met zo'n grote oppervlakte heeft Iran het allemaal: woestijnen, bergketens, stranden aan helderblauw water, vulkanen en zelfs skigebieden. De hoogste berg van het land is vulkaan Damavand met zo'n 5607 meter. Ook aan grondstoffen is en wordt Iran erg rijk. Ze zijn de op 3 na grootste olie-exporteur en ook groot exporteur van aardgas. Iran is 1 van de oprichters van ECO, NAM, OIC, OPEC maar wat veel mensen niet weten ook van de VN.

Culturele aspecten

In Iran is het gemiddeld genomen droog en boven de 30 graden. Toch wordt het absoluut niet gewaardeerd om in je korte broek te lopen. Beide (de lokale bevolking en toeristen) worden geacht zich te bedekken, het liefst van de polsen tot en met de enkels. Vergis je niet want voor mannen geldt ook het anti-skin beleid. Vrouwen worden geacht ook hun hoofdhaar te bedekken met een hoofddoek of sjaal. Vooral in de historische en heilige stad Qom zijn ze erg streng. Daarentegen kun je in de skigebieden Shemshak of Abali gaan skiën in doorsnee wintersport kleding. Schrik niet van de vrouwen die met wapperende haren voorbij skiën, er heerst hier een open westerse sfeer en je kunt zelfs eenvoudig alcohol bestellen. Dit terwijl dat absoluut verboden is in heel Iran.

Dit is allemaal bij wet vastgelegd. Iran was tot 1979 een monarchie met Reza Pahlavi als laatste Shah. Na de revolutie kwam Ayatollah Ruhollah Khomeini aan de macht en behield hij enkele delen van het burgerlijk recht en verving de rest voor de sharia. Sharia staat voor Islamitische en dus religieuze wetgeving. Kort daarna werden vrije media bedrijven vervangen voor staats krant, radio en tv. Er zijn maar 6 tv-zenders die af en toe westerse films uit zenden maar alle romantische scenes zijn eruit gelaten. Het is in Iran überhaupt niet toegestaan affectie te tonen in het openbaar. Toch hebben de conservatieve leiders van het land moeite om hun wetgeving te handhaven. Jonge Iraniërs, vooral in Teheran gaan zich steeds minder conservatief kleden en vooral de vrouwen bedenken hun haar vaak zo min mogelijk. Hierop hebben de geestelijk leiders een moraal politie in het leven geroepen. Deze straft mensen die zich niet aan de wetgeving omtrent sociaal wenselijk gedrag houden. Toch lijkt ook dat weinig invloed te hebben. Neem maar eens een kijkje op dit Instagram account: 'therichkidsoftehran'

Hoe gebruikt men internet en social media?

In Iran hadden in 2016 ongeveer 40.000.000 mensen toegang tot internet. Dit is bijna de helft van de bevolking. Toegang tot internet wil niet zeggen het hele wereldwijde web. Niet alleen het internet maar alles in Iran is zwaar gecensureerd. Volgens *FreedomHouse* scoort de persvrijheid in Iran op een schaal van 1 (niet vrij) tot 100 (vrij) maar 17 punten.
Iran als onderdeel van het Midden-Oosten maakt wel een exponentiele groei mee in het gebruik van internet. Namelijk een stijging van 15 procent, te weten 18 miljoen nieuwe gebruikers en social media een stijging van 47% wat neerkomt op zo'n 30 miljoen.
Deze groei is ook terug te zien in de cijfers van het laatste kwartaal van 2016 gepubliceerd door Akamai, een van de wereldleiders in Content Delivery Network services. "In het 4e kwartaal zagen we slechts 1.4% van alle IPv4 adressen uit Iran verbinden met 10Mbps of meer. Ondanks het lage percentage is dit een stijging van 212% met het vorige kwartaal en zelfs 1067% vergeleken met vorig jaar. "

Welke zoekmachines zijn er?

De 4 bekendste zoekmachines in Iran zijn:

- Google
- Parsijoo
- Bing
- Yooz

Welke platformen zijn er?

Iran heeft zijn eigen social media die wel toegestaan zijn: *Facenama* en *Cloob*. Ondanks dat Facebook vaker verboden is dan toegestaan gebruikt 69.3% van de internetgebruikers in Iran een VPN om het wereldwijde web te bezoeken. Dit komt uit een onderzoek gedaan door het Ministerie van Jeugd en sport van Iran zelf. Op deze manier hebben veel Iraniërs dus toch een facebook account, ook als het weer verboden is.

De meest gebruikte wereldwijd bekende social media in Iran zijn:

Platform	Percentage
Facebook	55%
Instagram	14%
LinkedIn	9%
Twitter	7%
Pinterest	5%
Tumblr	3%
YouTube	3%

Tabel 1: Social media gebruik Iran

In de hierboven genoemde meting zijn echter niet de landeigen social media uit Iran meegenomen.

Platform	Functioneel gebruik
Facenama (Iraanse facebook)	Posts, foto's, video sharing
Aparat (Iraanse YouTube)	Video sharing
Telegram.org	Chatten

Tabel: Iran Social Media platvormen

Opvallend is dat op plek nummer 24 van meest bezochte websites in Iran volgens Amazon Alexa, Stackoverflow.com staat. Dit is een onafhankelijk online platform voor programmeurs. Echter zijn de cijfers niet helemaal representatief omdat ongeveer 69% van de internetgebruikers een VPN gebruikt. Van deze website bezoekers kan niet worden achterhaald dat ze uit Iran komen.

Social media zakelijk inzetten

Veel social media wordt vaker geblokkeerd dan toegestaan. Zakelijk gezien is het dus lastig om social media te gebruiken. Echter is er wel 1 kanaal wat meer gebruikt wordt in Iran dan waar ook ter wereld: Telegram. Veel winkels bieden hun waren aan via Instagram en zetten daarbij hun Telegram ID. Telegram is de nummer 1 berichten service met meer dan 20 miljoen actieve gebruikers in Iran. Wel zijn er vele online winkels te vinden en hebben ze ook hun eigen bol.com. Te weten: Digikala.com. Je kunt (zakelijke) video's delen via bijvoorbeeld *Aparat* of *Facenama* maar ondanks dat deze websites zijn toegestaan is er een heel leger aan mensen dagelijks bezig om de content te controleren.

Wat zijn de zakelijke gebruiken?

Onthoudt dat je zakelijk gezien het beste af bent met face 2 face contact. Iraniërs doen namelijk het liefste zaken met mensen die ze kennen en het is daarom zeer waardevol om tijd te steken in zakelijke contacten. Hou er rekening mee dat dit veel tijd kost. Ga samen eten om elkaar beter te leren kennen en praat over familie, opleiding en werk. Vergeet niet om een cadeau mee te nemen, zoetigheid of bloemen zijn altijd goed. Maak geen afspraken op vrijdag omdat dit de rustdag is en let goed op religieuze dagen.

Regulering social media en internet

In Iran heeft Reza Salehi Amiri, bekend als de minister van Cultuur en Islamitische verlichting een speciaal comité opgericht. Dit comité houdt zich enkel en alleen bezig met internet censuur onder leiding van Iran's meeste bekende rechter. Social media-accounts worden gesloten en mensen opgespoord. In 2016 alleen heeft Iran maar liefst 160.000 social media-accounts gesloten omdat deze accounts atheïsme en corruptie zouden verspreiden. Ondanks alles twittert president Rouhani er druk op los.
Niet alleen social media-accounts maar ook websites worden goed in de gaten gehouden. Van de wereldwijde top 500 meest bezochte websites zijn er bijna 250 verboden namelijk. Als je graag online zaken wilt aanbieden aan de inwoners van Iran is het handig om te controleren of jouw website wel is toegestaan op onderstaande site: http://www.blockediniran.com/

In 2016 is er een grote rel ontstaan nadat het staatsmedia bureau Al-Alam een screenshot plaatste van een twitter bericht van de minister van Buitenlandse zaken. De post van de minister was absoluut niet verboden echter was linksboven in het scherm te lezen dat er een VPN gebruikt wordt wat niet toegestaan is. Het bezoeken van verboden websites via VPN kan je 3 tot 12 maanden celstraf opleveren.

Dingen om te onthouden als je naar Iran gaat

Taarof, dit kom je overal tegen in Iran. Als je met de taxi aankomt wil de chauffeur je geld niet aannemen. Of in een winkel zeggen ze: "het is een cadeau". Dat is niet zo. Het is Taarof wat betekend dat je meespeelt en na een of twee keer aandringen nemen ze toch het geld aan.

Als je uitgenodigd wordt om te komen eten bij Iraniërs thuis (ze zijn heel gastvrij dus die kan zit er best in), weiger het eten wat je wordt aangeboden

een of twee keer maar accepteer het daarna toch allemaal. Het is ook belangrijk dat je van alles wat je aangeboden krijgt proeft.
Ook al is de nationale betaaleenheid Rial, vaak vragen ze om Tomans. Geen zorgen je hoeft je geld niet op te wisselen, het is de oude eenheid en betekend 1/10 van de Rial.
Al meer dan 3000 jaar komt uit Iran 90% van alle Saffraan (kruid) wereldwijd. Sommige speciale versies zijn zo kostbaar dat ze meer kosten dan goud.
Komen toeristen naar Nederland voor windmolens zijn deze eigenlijk voor het eerst ontwikkeld in het oude Perzië. In Nashtifan een klein dorp gebruiken ze dezelfde windmolens al eeuwen.
Als je een Perzisch tapijt koopt in Iran en je ontdekt er een foutje in dan zal je dit nooit tegen de verkoper zeggen. Er worden bewust fouten in gemaakt omdat alleen Allah perfectie kan creëren.

Italië

Marvin William Alexander Liklikwatil

Inleiding

Italië; een land met een rijke cultuur en geschiedenis, het land van pizza's en pasta's, opera's, Romeo en Julia, de paus, de renaissance en passie voor de vier F's (Food, Fashion, Furniture, Ferrari), volgens velen het mooiste land ter wereld. Het land telt ruim 62.000.000 inwoners, is gelegen in zuid Europa, heeft een oppervlakte van 303.318 km2 en de afstand van noord naar zuid beslaat meer dan 1000 kilometer. Het grenst aan Frankrijk, Zwitserland, Oostenrijk en Slovenië en wordt omgeven door de Middellandse zee, de Ionische zee, de Tyrreense zee en de Adriatische zee. De hoofdstad is, de stad van de liefde, Rome. Het grootste deel van Italië heeft een mediterraan klimaat met warme zomers en zachte winters en het land heeft de rijkste flora van alle landen in Europa. Het land is bekend om haar vele romantische steden waarvan Venetië, Verona en Rome enkele bekende zijn. Het land heeft prachtige meren waarvan de bekendste het Gardameer, het Comomeer en het Lago Maggiore zijn, welke allen in het noorden van Italië liggen en telt daarnaast diverse eilanden zoals Sicilië, Sardinië, Capri en Elba.

Het Italiaanse alfabet bestaat uit slechts 21 letters en de taal kent minder woorden dan bijvoorbeeld de Nederlandse taal, een van de redenen waarom de Italianen meer praten. Italianen gebruiken naast de verbale communicatie meer dan 300 verschillende 'gesti', waarbij lichaamshouding en mimiek deze gebaren kracht bijzetten.

Voor Italianen is eten erg belangrijk, koken is er als het ware verheven tot hogere kunst. De Italiaanse keuken is, gezien de regionale verschillen, zeer divers maar is het meest bekend van de pizza's en pasta's. Italianen spenderen per jaar meer dan 50 miljard euro aan eten en per persoon wordt er per jaar gemiddeld 25 kilo pasta geconsumeerd.

Italië is lid van de G8 en is binnen Europa de derde grootste economie, wereldwijd bezet zij de tiende plaats. De economie is export gedreven en is nummer één op het gebied van export van kleding, textiel en leer. De import bestaat voor een groot deel uit olie, gas en ruwe materialen, omdat deze van nature niet voorkomen in het land.

Culturele aspecten

Italië betreft een republiek, met een parlementair tweekamerstelsel, waarbij het politieke overwicht bij de minister-president ligt. Zijn kabinet is afhankelijk van het vertrouwen van de Camera dei Deputati (Kamer van Afgevaardigden) en de Senato della Repubblica (de senaat). De regering kan bij decreet regeren en het houden van referenda is niet ongebruikelijk.
Het volkslied van Italië, *Il Canto degli Italiani* (het lied van Italianen), heeft lang niet zo'n lange geschiedenis als het land zelf, en is geschreven in 1847. Er wordt ook wel naar gerefereerd onder de naam Fratelli d'Italia (Broeders van Italië). Het volkslied is een uiting van een jarenlange strijd tegen buitenlandse bezetting en de weg naar onafhankelijkheid. Het lied roept veel emoties op en er zijn maar weinig Italianen die het lied met droge ogen kunnen zingen.

Tot 1984 gold het rooms-katholieke geloof als de staatsgodsdienst, dat was vastgelegd in de verdragen van de Lateranen uit 1929. In 1984 werden er wijzigingen aangebracht, waardoor werd bepaald dat het rooms-katholicisme niet langer de staatsreligie van Italië was en de macht van de kerk beperkt werd. Ondanks deze wijzigingen behoort nog ruim 85 procent van de bevolking tot de rooms-katholieke kerk.

Het Italiaanse familieleven: "la Famiglia" is onmiskenbaar en niet te vergelijken met de meer noordelijke culturen. Het is de belangrijkste band voor de Italiaan en je kunt het haast een institutie noemen; Italië telt meer dan 22 miljoen families. Acht van de tien families wonen op eigen grond, wat een Europees record is. Meer dan 90 procent van de familieleden krijgt zijn of haar eerste lening voor de aanschaf van grond of een woning van de familie. Huizen worden gekocht of gebouwd voor de lange termijn en huizen vaak vele generaties van de familie. Ruim 39 procent van de familieleden verkrijgt hun eerste baan via de familie en haar netwerk. Meer dan helft van de Italiaanse ouders deelt het huis met haar kinderen, waarbij het niet ongebruikelijk is dat kinderen zelfs tot na hun 30e levensjaar bij la mama inwonen.

De Ndrangheta, de Camorra en de Cosa Nostra vormen een groot deel van de Italiaanse maffia, welke nog steeds een grote impact en invloed hebben op het land. Valt er geld te verdienen, dan is de kans groot dat de maffia er een rol in speelt. De maffia staat bijvoorbeeld bekend om het afpersen van winkeliers, die zwijggeld betalen of geld voor bescherming. De handel in drugs is de grootste, en men zegt zelfs dat de Rotterdamse haven door de maffia gecontroleerd wordt. De maffia bestaat uit 155 families en 60.000 leden, verspreid over dertig landen.

Hoe gebruikt men internet en sociale media?

Ruim 65 procent van de Italiaanse bevolking heeft van huis uit toegang tot het internet en dat aantal neemt elk jaar gestaag toe. Het dagelijks gebruik van internet in Italië valt onder te verdelen in de volgende leeftijds-categorieën. De categorie in de leeftijd van 16 tot 24 jaar maakt het meest gebruik van het internet, de overige leeftijdscategorieën zijn echter eveneens goed vertegenwoordigd.

Onderzoek heeft uitgewezen dat Italië qua gebruik van sociale media zich ongeveer in het midden van de ranglijst van Europese landen bevindt, tussen Albanië en Andorra. Het gebruik van sociale media door jongvolwassenen blijft ook licht achter bij het Europese gemiddelde. Een recent onderzoek van Cint toont aan dat Facebook het meest gebruikte social medium in Italië is. Bijna 25 procent van de respondenten gaf aan Facebook te gebruiken en slechts 7 procent maakt gebruik van LinkedIn. Dit zijn lagere cijfers dan bijvoorbeeld Nederland.

Welke platformen zijn er?

Uit de hierboven benoemde informatie weten we nu dat Facebook, YouTube, Google+, Twitter, Instagram en LinkedIn veruit de meest gebruikte social media platformen in Italië zijn. Italië staat daarnaast wereldwijd in de top vijf als het gaat om het gebruik van WhatsApp. Veel gebruikte lokale en typisch Italiaanse platformen zijn ItalyLink, voor het delen van ervaringen en de liefde voor Italië en de Italian way of life, Vinix voor liefhebbers van Italiaans eten en drinken en Fubles, wat veel ingezet wordt om zaken te organiseren, zoals een bijvoorbeeld potje voetbal in het dorp.

Hoe wordt social media zakelijk het beste ingezet?

Over Italië zegt men wel "if you don't speak Italian, you die". Het is daarom, mede omdat maar weinig Italianen een andere taal dan de Italiaanse beheersen, van belang dat advertenties in het Italiaans geschreven zijn. Italianen stellen een Italiaanstalige website zeer op prijs.

Ondanks dat het gebruik van social media wat achter lijkt te lopen op landen zoals Nederland zijn de diverse gebruikte sociale media zoals Facebook en YouTube bij uitstek geschikt om te adverteren. Trends omtrent adverteren binnen social media tonen aan dat het aantal advertenties langzaam maar zeker teruglopen als het om de traditionele desktop pc gaat maar tonen tevens aan dat het aantal advertenties op mobiele apparaten juist toeneemt. Ook binnen de Italiaanse bekende modewereld wordt het gebruik van sociale media geïntensiveerd. Immers, door gebruik te maken van dit medium kan een (jonge) grote doelgroep snel bereikt worden. Er worden inmiddels reeds opleidingen aangeboden die speciaal hier op gericht zijn.
In Italië zijn meerdere bedrijven actief op Facebook. De bedrijven met de snelst groeiende aantal fans waren in april 2017 Coca Cola en Magnum. Coca Cola kreeg in deze maand alleen al 66.808 volgers erbij. De top 5 van bedrijfstakken met de meeste volgers zijn onder te verdelen in mode, fmcg voeding, ecommerce, beauty en retail.

Welke zoekmachines zijn er?

Er worden in Italië veel verschillende zoekmachines gebruikt maar het heeft onvoldoende toegevoegde waarde om ze hier allemaal op te sommen, een lijst van 35 websites is namelijk zo bereikt. De top drie meest gebruikte zoekmachines in Italië zijn google.it, google.com en bing.com waarbij google.it zelfs de meest bezochte website in Italië is.

Casestudy

In september 2016 lanceerde de Italiaanse overheid een campagne, Fertility Day. De campagne was bedoeld om het geboortecijfer op te krikken. De tekst van de campagne luidde 'La bellezza non ha eta. La Fertilita si'. Oftewel: Schoonheid heeft geen leeftijdslimiet, vruchtbaarheid wel. In vier grote Italiaanse steden Rome, Bologna, Padua en Catania werden evenementen georganiseerd om informatie over vruchtbaarheid te geven en de discussies over het onderwerp aan te wakkeren. De weerstand en aversie tegen de campagne vanuit de bevolking werd veelvuldig op social media gedeeld.
De campagne werd op social media een doorslaand succes, alleen dan met een totaal andere insteek dan waarmee de campagne door de overheid was ingezet. De campagne werd kort hierna beëindigd. Hieruit blijkt het bereik en de kracht van social media. Uiteindelijk heeft de Minister die verantwoordelijk was voor de campagne, onder meer via Facebook, bekend gemaakt de campagne in te trekken.

Japan

Yorick Schrumpf

Inleiding

Japan het land van de rijzende zon, de samoerai, sushi en de welbekende sumoworstelaars is een soevereine eilandstaat gelegen in Oost-Azië. Het land word gekenmerkt door de hightech-industrie en steden als de hoofdstad Tokio gecombineerd met de traditionele Japanse cultuur en ambacht.
Japan heeft een oppervlakte van 377.930 km2 en bestaat uit 6.852 eilanden, de vier grootste eilanden zijn Honshu, Hokkaido, Kyushu en Shikoku die samen 97% van het vasteland beslaan. Door het langgerekte oppervlak van noord naar zuid heeft het land verschillende klimaten, dit varieert zich van een koel en vochtig continentaal klimaat in het noorden met vrieskoude winters en warme zomers tot een vochtig subtropisch klimaat in het zuiden. Hiernaast behoort het eiland tot de seismisch meest actieve gebieden ter wereld, dit resulteert zich tot ongeveer 100.000 aardbevingen per jaar.
Op 11 maart 2011 werd Japan getroffen door een aardbeving met de kracht van 9.0 magnitude, dit was de zwaarste aardbeving in de historie en kostte 6.433 mensen het leven. Japan kent een populatie van ongeveer 127 miljoen inwoners en staat daardoor op de 10e plek van landen met de meeste inwoners. Het stedelijk gebied van Tokio genaamd "Groot-Tokio" kent een bevolkingsaantal van bijna 40.000.000 inwoners en is daarmee de op 1 na grootste metropool ter wereld.

Culturele aspecten

Japan kent een eeuwenoude cultuur met veel invloeden vanuit Europa, Amerika en Azië. Sterke Chinese invloeden zijn vandaag de dag nog steeds merkbaar in de traditionele Japanse cultuur doordat zij een grootmacht waren in het verleden waardoor vele Chinese cultuurelementen werden geabsorbeerd. Japans is de officiële taal van Japan. Het standaard Japans wordt gebruikt en begrepen in heel Japan van uiteenlopende achtergrond.

Op niveau van de spreektaal ontstaan er echter aanzienlijke verschillen in uitspraak en woordgebruik. Er bestaan verschillende niveaus van beleefdheid in de Japanse taal, naar status, leeftijd en situatie. Beleefdheid wordt aangegeven met de lengte van werkwoorduitgangen (langer is beleefder), maar in een formeel gesprek gebruikt men specifiek woorden.

Hieronder volgen een aantal belangrijke kenmerken van de Japanse cultuur:

Algemeen
Harmonie is een belangrijke waarde in de Japanse samenleving en is de leidende filosofie die wordt gehanteerd binnen families en bedrijven. Aan kinderen wordt geleerd om harmonieus met elkaar om te gaan en met elkaar samen te werken. De Japanners zijn heel erg bewust van leeftijd en status. Iedereen heeft een eigen plek in de hiërarchie, hetzij in de familie, schoonfamilie of in een sociaal of zakelijke situatie. Op school worden de kinderen geleerd om de oudere studenten aan te spreken als senior en de jongere studenten als junior. De oudste persoon in een groep word altijd gehonoreerd.

Zakelijk
De Japanners hebben een voorkeur om zaken te doen op basis van persoonlijke relaties. Een afspraak kun je het beste maken per telefoon en wanneer mogelijk een aantal weken van tevoren.
Het kan een aantal vergaderingen duren voordat je Japanse zakenrelatie bereid is om zaken te doen. Het leren kennen is voor de Japanner van cruciaal belang om een goede zakenrelatie op te bouwen. De Japanners vinden het moeilijk om nee te zeggen, je moet dus goed hun non-verbale communicatie observeren. Neem altijd een klein cadeau mee, als teken van vertrouwen en geef het aan de oudste persoon aan het einde van de vergadering.

Hoe gebruikt men internet en social media?

Getuige het straatbeeld van Akihabara in Tokio behoort Japan tot de meest technologisch geavanceerde landen ter wereld, er wordt jaarlijks dan ook vele miljarden geïnvesteerd in de technologische sector. Het land kent een uitstekende internet infrastructuur en behoren ze tot de top 10 van landen met de hoogst gemiddelde internetsnelheid.

Japan kent mede hierdoor een hoog aantal internetgebruikers, van de 127 miljoen inwoners zijn er ongeveer 118 miljoen actieve internetgebruikers met een penetratie van 91%.

Ook op het gebied van social media kent Japan een hoog aantal actieve gebruikers, de Japanse overheid verwacht dat in 2018 75 miljoen japanners gebruikt maakt van social media. LINE is het platform dat door Japanners het meest wordt gebruikt met naar schatting 50 miljoen actieve gebruikers. Het betreft een "messaging app" zoals wij in Nederland die kennen in de vorm van WhatsApp en Facebook Messenger, het heeft in tegenstelling tot de bovengenoemde ook een tijdslijn en behoort daardoor tot de categorie social media platforms.
Twitter is het meest gebruikte westerse social media platform, het micro-blogging platform wordt door jongeren veel gebruikt om informatie te verzamelen en is populair onder Japanners doordat het hen anonimiteit biedt. Ze zijn zeer gehecht aan hun privacy en gebruiken dan ook vaak online een verzonnen naam. Facebook is het enige platform waar Japanners wel hun echte naam en profielfoto gebruiken, dit platform wordt dan ook als zakelijk platform gezien en word voornamelijk gebruikt om zakelijke contacten te onderhouden.

Hieronder volgt een overzicht van de meest gebruikte social media platformen in Japan;

Leeftijd	10-19	20-29	30-39	40-49	50-59	60-69
Platform						
Line	38.7%	61.4%	46.0%	33.7%	26.9%	11.2%
Facebook	14.5%	43.2%	37.2%	36.5%	29.0%	23.5%
Twitter	19.4%	42.0%	37.2%	29.8%	20.4%	10.2%
Mixi	0.0%	13.6%	13.3%	12.5%	5.4%	7.1%
Ameba	4.8%	6.8%	16.8%	4.8%	4.3%	4.1%
Instagram	3.2%	10.2%	16.8%	6.7%	3.2%	0.0%

Tabel 1 - Gebruik social media platformen in Japan per leeftijdsgroep/geslacht: man Q1 2016

Welke platformen zijn er?

Hieronder een overzicht van de meest gebruikte social platformen in Japan;

Platform	Toepassing
LINE	Social media toepassing voor verzenden van berichten, het delen van foto's, films en muziek.
Twitter	Micro-blogging platform voor het delen van korte berichten.
Facebook	Social media toepassing voor het onderhouden van zakelijk contact.
Instagram	Social media toepassing voor het delen van foto's.
Mixi	Social media toepassing voor mobile gaming van o.a. Monster Strike.
Ameba	Micro-blogging platform voor het delen van korte berichten.

Tabel 2 - Top 6 Social media platformen in Japan.

Social media zakelijk inzetten

Japanse bedrijven verspreiden hun media en advertenties voornamelijk via Twitter, YouTube en blogs. Japanse bedrijven beginnen langzaam Facebook ook te zien als een goed platform om op te adverteren. Voor veel westerse bedrijven is het echter moeilijk om de Japanse markt te betreden vanwege de grote verschillen in cultuur en communicatie. Het is in ieder geval belangrijk om de marketing op social media goed af te stemmen op de juiste doelgroep. Wil je bijvoorbeeld veel jonge vrouwen bereiken, gebruik dan Instagram als marketing platform. Wanneer je social media content linkt naar de bedrijfswebsite is het belangrijk dat de website goed functioneert op een smartphone. Meer dan 75% van de social mediagebruikers in Japan gebruikt social media op hun smartphone, het is daarom belangrijk om de website te optimaliseren voor mobiel gebruik.

Hiernaast is het belangrijk om het promotiemateriaal af te stemmen op Japans publiek, wees hierin niet te direct naar de content of dienstverlening. Door Japanse bedrijven worden bijvoorbeeld veel dieren of fictieve personages gebruikt voor het promoten van verzekeringen tot speelgoed. Zo is er een hond met twee miljoen volgers op Twitter en een cartoon peer met een miljoen volgers op Twitter. In Japan geldt dan ook vaak hoe gekker hoe beter.

Welke zoekmachines zijn er?

Zoekmachine	Marktaandeel
Google	62%
Yahoo! Japan	32%
Bing	5%
Overig	1%

Tabel 3 - Gebruikte zoekmachines in Japan.

Naast Google worden ook Twitter en Instagram veel gebruikt door jongeren voor het opzoeken van informatie. De voornaamste reden hiervoor is dat ze via bronnen als Twitter en Instagram betere nieuwe en persoonlijke informatie ontvangen in vergelijking met resultaten van de zoekmachines. Andere redenen zijn; (a) De zoekresultaten lijken gemanipuleerd, (b) De zoekresultaten zijn zakelijk georiënteerd, (c) Nieuws gaat makkelijker via social media dan zoekmachines.

Regulering internet

Japan is een land met een vrijheid van meningsuiting en pers die word geregeld door de Japanse wet. Het land kent geen overheidsbeperkingen op de toegang tot het internet en er zijn ook geen gevallen bekent waarbij de overheid e-mail of internetactiviteiten controleert van internetgebruikers. Er gelden uiteraard wel restricties op activiteiten wat tegenstrijdig is met de wet, denk hier bijvoorbeeld aan gokken, kinderpornografie en het downloaden van illegale media.
In 2012 introduceerde Japan een nieuwe wet om het illegaal downloaden aan te pakken. In tegenstelling tot andere landen die een dergelijke wet hadden geïntroduceerd, veroordeeld Japan het downloaden van media waar andere landen het uploaden van illegale media als overtreding van de wet

ervaren. Overtreders van deze wet kunnen een boete krijgen van 2.000.000 yen of een celstraf krijgen van twee jaar.

Casestudy

In het jaar 2011 vond een van grootste aardbevingen plaats in Japan met een magnitude van 8.8, het gevolg was meer dan 19.000 doden. Telefoondiensten waren onderbroken of konden het grote aantal verzoeken van klanten niet meer aan. Een uur na de aardbeving verschenen er meer 1.200 tweets per minuut uit Tokio, en de hashtags #prayforjapan, #earthquake en #tsunami werden na een paar uur duizenden keren per seconde getweet. Tegelijkertijd werd de website "prayforjapan" opgericht die meer dan 6.000.000 keer werd bekeken.
Mixi werd ondertussen massaal verlaten en gebruikers maakten een account aan op Facebook en Twitter met hun echte naam om anderen te informeren over hun situatie en op welke locatie ze zich bevinden. Het jaar 2011 word vaak aangegeven als het jaar waarin de aardbeving en de tsunami voor altijd word gelinkt aan social media in Japan. De Japanners behielden hun accounts op Facebook en Twitter om in contact te blijven met mensen die ze hadden ontmoet tijdens de ramp.

Tijdens de aardbeving bleken Facebook en Twitter krachtige middelen waardoor individuen en organisaties konden samenwerken;

- Japanners kregen gratis toegang tot het internet.
- Overheidsinstanties maakten een Facebook-account aan om gebruikers te informeren.
- Hulporganisaties gebruikten Twitter voor het plaatsen van informatie aan niet-Japanners over onderdak.
- Media organisaties als NKK, TV Asahi informeerde over de situatie door live beelden uit te zenden op YouTube.

En nog veel meer oplossingen werden geboden om Japan te helpen tijdens de aardbeving. Sindsdien behoort deze gebeurtenis tot een van de voortreffelijkste gevallen waarbij social media kan helpen bij noodcoördinatie, om de openbare communicatie te verbeteren.

Kazachstan

Bas Hendriks

Inleiding

De republiek Kazachstan is een land in Azië én Europa, met als buurlanden Rusland, China, Kirgizië en Oezbekistan. Met een totale oppervlakte van 2.724.900 km² is Kazachstan het op 8 na grootste land ter wereld en het grootste land in Centraal-Azië. Het grondgebied ten westen van de rivier de Oeral wordt tot Europa gerekend. De Kazachen zijn van origine een islamitisch nomadenvolk van Turkse afkomst. Ze onderwierpen zich in de 18e eeuw aan het tsaristische Rusland. In 1920 werd voor hen de Kirgizische ASSR (Autonome Socialistische Sovjetrepubliek) binnen de Russische Federatie opgericht, die in 1925 werd omgedoopt in de Kazachse ASSR. In 1936 werd Kazachstan een volwaardige unierepubliek binnen de Sovjet-Unie.

Onder Stalin werden de nomadische Kazachen gedwongen zich te vestigen. Deze sedentarisering verdroeg het nomadenvolk slecht: tussen 1926 en 1939 kwam een kwart van de 4.000.000 Kazachen om het leven. Van elders in de Sovjet-Unie immigreerden zoveel niet-Kazachen naar het gebied dat de Kazachen allengs een minderheid in eigen land dreigden te worden. In het noorden van het land woonden al sinds de 17e en de 18e eeuw veel Russen. Kazachstan verkreeg in 1991 onafhankelijkheid bij het officieel verlaten van de Sovjet-Unie. Sinds de onafhankelijkheid wordt het land op autoritaire wijze geleid door Noersoeltan Nazarbajev.

In 1997 besloot de regering Nazarbajev dat het noordelijke Aqmola de stad Almaty op zou volgens als hoofdstad van de nieuwe republiek, en zou voortaan Astana (huidige hoofdstad) worden genoemd. De regering Nazerbajev meende zich hiermee beter te kunnen weren tegen ontwakende separatistische bewegingen in het noorden van het land. Daarnaast zou het door hoge bergen omringde Almaty zich slecht lenen voor toekomstige uitbreiding, was het gevoelig voor aardbevingen en viel het iedere zomer ten prooi aan verstikkende smog. Volgens de laatste volkstelling, maart 2009, telde het land op dat moment 16.4 miljoen inwoners. KazStat raamt de bevolking per februari 2015 op 17.4 miljoen inwoners.

Culturele aspecten

Kazachstan is een etnisch bont en multicultureel land. Er wonen meer dan 50 nationaliteiten voortkomend uit verschillende bevolkingsgroepen.
De Kazachen vormen de grootste bevolkingsgroep (61%). Een Turks volk dat op hun beurt weer onderverdeelt is in een overgroot deel Turken en in kleinere delen de Oezbeken, de Oeigoeren, de Wolga-Tataren en een aantal nog kleinere groepen. De Wolga-Tataren worden als minderheid in eigen land gezien. Dit omdat ze ondanks hun overwegende islamitische geloof en Turkse taal vrij nauw verbonden zijn met de Russische cultuur. Daarnaast hebben de Tataren een meer Noord-Europees uiterlijk. De grootste van de overgebleven bevolkingsgroepen zijn de Russen (24%). Echter zijn deze omwille van o.a. discriminatie op de arbeidsmarkt de laatste jaren massaal aan het remigreren naar Rusland. Etnisch zuivere Kazachen worden voorgetrokken bij het arbeidsbeleid. Zo zijn momenteel bijna 90% van alle ambtenaren etnisch Kazachs.
Russisch is met 83,1% de taal die door het grootste gedeelte van de bevolking beheerst wordt. Echter is er sinds de onafhankelijkheid van Kazachstan een grote lobby gaande om van het Kazachs de officiële primaire taal te maken. Momenteel beheerst 56% van de bevolking het Kazachs.

Hoe gebruikt men internet en sociale media?

Internetlivestats schat het aantal internetgebruikers in Kazachstan per juli 2016 op 9,9 miljoen. Dit betekent zoveel als een internetpenetratie van 55.8%, en zorgt ervoor dat het land verantwoordelijk is voor 0,3% van het aantal internetgebruikers wereldwijd. (Internetlivestats, 2017)

Sociale media kennen een grote diversiteit in gebruik en volgers in Kazachstan. De platformen worden het meest gebruikt om creativiteit te ontplooien, voor zelfexpressie en om maatschappelijk geëngageerd te blijven. Zowel zakelijk als persoonlijk.

In 2014 is Murat Abenov, een van Kazachstans meest actieve publieke social mediagebruikers, geïnterviewd door EgdeKZ. Hij geeft bijvoorbeeld aan dat facebook echt een bron is om de publieke opinie te beïnvloeden. Hij is derhalve gestopt met het lezen van lokale bronnen, omdat deze "toch alleen maar buitenlandse meningen en ideeën opnieuw publiceren. Dit is gevaarlijk voor ons, omdat deze ideeën alleen maar een kanaal zijn voor geopolitieke en economische interesses van andere landen". (EdgeKZ, 2017)

Aidan Karibzhanovzhanov, een invloedrijke bankier en actief facebook blogger, geeft aan dat hij het belangrijk vindt dat zijn volgers reageren op zijn berichten, en aangeven wat ze precies interessant vonden aan zijn verhaal. Hij vervolgt: "Mijn volgers zijn vaak professionals van middelbare leeftijd, met humanistische axioma's hoog in het vaandel. Het zijn goede, opgeleide mensen die vaak ook redelijk sentimenteel zijn. Mijn activiteit op sociale media is altijd tweerichtingsverkeer." (EdgeKZ, 2017)

Juli 2000 wordt de mediamarkt in Kazachstan geliberaliseerd. Het gevolg is dat ook de overheid in een grote campagne aankondigt "opnieuw" online te gaan. Alle overheidswebsites zijn tot dan toe saai en spreken weinig tot de verbeelding. Ze krijgen een nieuw en fris uiterlijk en zijn in staat om de inwoners die beschikken over een internetverbinding weer aan zich te binden en van informatie te voorzien. (Niyazbekov, 2017)

Populaire sociale media platformen

Social media	Omschrijving
VK	**VKontacte**. Meest gebruikte social mediasite in Kazachstan. Dagelijks gebruik per Kazachse internetgebruiker: 11:18 minuten.
Facebook	Populaire allround social mediasite. Dagelijks gebruik per Kazachse internetgebruiker: 11:11 minuten.
Instagram	Een social mediasite gebaseerd op het delen van foto's. Dagelijks gebruik per Kazachse internet gebruiker: 5:32 minuten.
OK	**Odnoklassniki**. Een social mediasite voor (oud) klasgenoten en vrienden. Dagelijks gebruik per Kazachse internetgebruiker: 5:18 minuten. (Alexa, 2017)

Hoe wordt social media zakelijk het beste ingezet?

De zakelijke markt speelt aardig in op de geboden advertentieruimte op social mediasites. De website sortlist geeft aan altijd voor een geschikte lokale Kazachse mediapartner te kunnen zorgen:

> *"We affirm it is safe to say that setting out an activity in social media account-management or in social media marketing by yourself can speedily grow into a sluggish and high-priced flop if your company does not pull it off correctly. Don't overthink it and take on a company in Kazakhstan to ensure your triumph!"* (Sortlist, 2017)

Er kan vervolgens een vragenlijst ingevuld worden en aan de hand van een of meerdere specifieke behoeften worden er een of meerdere potentiële bedrijven met kennis van zaken voorgesteld.

Eerder hebben we geleerd dat VKontacte de meest populaire social media-site is in Kazachstan. VKontacte biedt verschillende advertentie-mogelijkheden aan. Maar onderscheid zich bijvoorbeeld van facebook door het mogelijk te maken berichten uit een besloten groep zichtbaar te maken op de persoonlijke eigen tijdlijn. Dit zou aangemerkt kunnen worden als sluikreclame omdat het bericht dan ook zonder reclamelabel wordt gepresenteerd op andermans tijdlijn. Daarnaast is het uiteraard ook mogelijk om richting een bepaalde doelgroep te adverteren. Denk hierbij bijvoorbeeld aan zaken als geslacht, locatie, interesses en religie. Via een speciale reclamepagina kan er vervolgens direct gestart worden met adverteren op VKontacte. (Salminen, 2016)

Onderzoek van Katsiaryna S. Baran wijst uit dat de gebruikers van VKontacte de site een excellente social media-site vinden, op alle aspecten. (Katsiaryna S. BARAN, 2016) Uit een enquête van Maria Zdorovetskaya blijkt dat veel VKontacte gebruikers ook een facebook account hebben, maar toch altijd nog de voorkeur geven aan VKontacte en daar ook dagelijks meer tijd doorbrengen. (Zdorovetskaya, 2014) Adverteren op VKontacte blijkt dus de meer lucratieve optie om de lokale markten te bereiken. Sterke voorwaarde is daarbij echter wel dat de advertentie in de lokale taal wordt aangeboden!

Welke zoekmachines zijn er?

Zoekmachine	Omschrijving
Google.com	Engelse versie van Google. (Gemiddeld verblijf van 8:24 minuten per bezoeker per dag).
Google.kz	Kazachse versie van Google. (Gemiddeld verblijf van 6:50 minuten per bezoeker per dag).
Google.ru	Russische versie van Google. (Gemiddeld verblijf van 5:56 minuten per bezoeker per dag).
Yandex.kz	Zoekmachine veelal gebruikt in Rusland en buurlanden. (Gemiddeld verblijf van 3:09 minuten per bezoeker per dag).

Tabel 2 - Gebruikte zoekmachines in Kazachstan.

(Alexa, 2017)

Casestudy

Internetvrijheid, anonimiteit en zonder overheidscontrole van het internet gebruik kunnen maken zijn zaken die de Kazachen *niet* kennen. Reeds sinds Januari 2016 moeten alle Kazachse apparaten die met het internet verbonden zijn dit doen middels een geïnstalleerd certificaat. (Amnesty International, 2017). Dit zogeheten "Nationaal veiligheidscertificaat" zorgt er voor dat de overheid alle communicatie over het HTTPS protocol kan scannen, en maakt het mogelijk toegang tot bepaalde sites te blokkeren.

Zo is het al meerdere malen gebeurt dat mensenrechtenactivisten door de overheid opgespoord worden, en aan de hand van hun sociale media berichten voorgeleid en veroordeeld worden. Ondanks dat het slechts om een relatief kleine groep mensen gaat, worden er wel voorbeelden gesteld. Andere groeperingen met wellicht minder extreme opvattingen komen zo minder snel publiekelijk voor hun standpunten uit.
Het nationaal veiligheidscertificaat wordt zoals gezegd ook gebruikt voor het onbruikbaar maken van bepaalde websites. Zo ook op de nationale Onafhankelijkheidsdag van Kazachstan, op 16 December.
Onafhankelijkheidsdag 2016 was het wederom raak. Plotseling raakten sites als facebook, Instagram, google en YouTube onbereikbaar. De opgegeven reden: "Technisch mankement, de site is zo snel mogelijk weer bereikbaar". Saillant detail is dat het vaak de meer westerse (sociale) media zijn die getroffen worden door de blokkades.

De Kazachse overheid blokkeert sociale media-sites om protesten tegen de overheid de kop in te drukken, en te voorkomen dat de tegenstanders een platform hebben om acties op te coördineren. (Webb, 2016) Dit ging bijvoorbeeld mis in 2011. Waar op onafhankelijkheidsdag toch een groep activisten samen kwam om te demonstreren in de stad Zhanaozen, en er bij ingrijpen door de autoriteiten 12 doden vielen.

En het volgende hoofdstuk van de toekomstige internetgeschiedenis van Kazachstan is al in de maak. Mikhail Komissarov heeft een plan ingediend waar wereldwijd voor en tegenstanders voor zijn, maar waar geen overheid haar handen nog aan heeft durven branden: het uitbannen van het anoniem kunnen reageren op internet. (Michel, 2017) Kazachen die willen reageren op bijvoorbeeld een bericht op een forum moeten hun telefoonnummer koppelen aan het gebruikte account, en via een SMS bericht hun identiteit bevestigen. Controversieel zeker, en het zal er voor zorgen dat Kazachstan alleen maar verder keldert op toonaangevende lijsten als bijvoorbeeld die van het internet *freedomhouse*.

Oostenrijk

Sander Vermeulen

Inleiding

Oostenrijk, officieel de Republiek Oostenrijk, is een binnenstaat in Centraal-Europa. Het land grenst in het westen aan Zwitserland en Liechtenstein, in het noorden aan Duitsland en Tsjechië, in het oosten aan Slowakije en Hongarije en in het zuiden aan Italië en Slovenië. Vanwege de ligging wordt het ook wel de poort naar oost Europa genoemd. De geschiedenis van Oostenrijk gaat terug tot voor de Romeinse tijd, maar het huidige Oostenrijk is een overblijfsel van het Keizerrijk Oostenrijk, dat in de 19e eeuw tot de Europese grote mogendheden behoorde. Het land was van 1867 tot 1918 onderdeel van de dubbelmonarchie Oostenrijk-Hongarije en na de kortstondige Republiek Duits-Oostenrijk ontstond in 1919 de Eerste Oostenrijkse Republiek. Na de Duitse Anschluss en de bezetting door de geallieerden in de periode daarna, werd in 1955 Oostenrijk middels het Oostenrijks Staatsverdrag weer zelfstandig en werd de Tweede Oostenrijkse Republiek gevestigd.
Volgens de volkstelling van 2001 was in dat jaar 73,6% van de Oostenrijkers geregistreerd als katholiek. Daarnaast was 4,7% protestant (voornamelijk luthers), 4,2% moslim, hing 3,5% andere religies aan en had 12% geen religie.

Culturele aspecten

Bij het zakendoen in Oostenrijk is het van belang jezelf bewust te zijn van de verschillen in omgangsvormen tussen Oostenrijk en Nederland. Zo gaat het zakendoen er in Oostenrijk een stuk formeler aan toe dan in Nederland. De Oostenrijkse bedrijfscultuur is in vergelijking met de Nederlandse zeer hiërarchisch ingesteld. Bovendien wordt groot belang gehecht aan posities en academische titels. De Oostenrijker prefereert langdurige partnerschappen boven snelle deals en stelt hoge kwaliteitseisen.

Daar handel voor Oostenrijk belangrijk is, investeert het land hier sterk in. Na de Verenigde Staten heeft Oostenrijk het grootste netwerk voor handelsbevordering.

Hoe gebruikt men internet en social media?

Meer dan 60% inwoners met een internetverbinding zijn ingeschreven op en gebruiken social networks regelmatig. Communicatie is het antwoord wat mensen geven, als ze gevraagd worden waarom ze actief zijn op social media. Het wordt vooral gebruikt voor het verzenden van berichten en het uploaden van foto's. Zakelijk wordt social media ook veel gebruikt voor het onderhouden van netwerken, opdoen van kennis en het zoeken naar werk. In de afgelopen 15 jaar is het internet gebruik in Oostenrijk meer als verdubbeld. Momenteel zijn meer dan 7 miljoen Oostenrijkers actief op het internet en hebben 85% van de huishoudens een internetverbinding.
Het internetgebruik is van zowel geslacht als leeftijd afhankelijk, mannen zijn ongeveer 10% meer actief dan vrouwen op internet. Vooral de jongeren (tussen de 14 en 29 jaar) zijn mobiel actief op internet. Met een markt-aandeel van 84% is Facebook verreweg de grootste. Uit onderstaande tabel is goed te zien dat in de groep 16 tot 45 jaar praktisch iedereen gebruik maakt van het internet;

Jaar	2012	2013	2014	2015	2016
Leeftijd	Percentage van alle personen				
16 – 24	99,2	99,2	97,9	99,3	98,7
25 – 34	97,0	97,0	97,8	98,9	99,7
35 - 44	91,7	92,3	94,3	94,1	94,5
45 – 54	81,7	84,9	81,6	87,0	83,0
55 – 64	61,5	65,2	65,8	69,4	71,7
65 - 74	37,9	33,9	39,8	46,0	51,3

Tabel 1: Oostenrijk– Gebruikers op leeftijd

Welke platformen zijn er?

Alle grote social media portalen worden in Oostenrijk gebruikt, waarbij Facebook verreweg de grootste is. Zakelijk zit er een grotere diversiteit in als particulier. De "gewone man" zal je het meest terugzien op Facebook.
Dit terwijl bedrijven, om zoveel mogelijk mensen te bereiken, meerdere platformen zullen gebruiken. Xing is een van oorsprong Duits (zakelijk) social media platform (vergelijkbaar met LinkedIn, qua gebruikersaantallen neemt Xing de laatste jaren weliswaar nog toe, maar verwacht wordt dat ook dit platform het in de toekomst af zal gaan leggen tegenover LinkedIn.
Uit onderzoek van Spectra in 2016 blijkt dat de volgende platformen gebruikt worden binnen Oostenrijk;

Platform	% bevolking actief
Facebook	46%
YouTube	23%
Google+	18%
Instagram	10%
Twitter	7%
Xing	4%
LinkedIn	2%
Pinterest	2%

Tabel 2: Oostenrijk – Social media platformen

Social media zakelijk inzetten

Het toerisme is voor Oostenrijk een grote bron van inkomsten. Bedrijven die in deze sector actief zijn zullen voor het overgrote deel actief zijn op alle grote social networks. Dit om diensten/regio's/activiteiten aan een zo groot mogelijke groep mensen kenbaar te maken. Bij de inzet van sociale media is het belangrijk om rekening te houden waar de beoogde doelgroep actief op is. Facebook wordt door een brede bevolkingsgroep gebruikt, waar Twitter, Pinterest, YouTube en Instagram dan weer vooral door jongeren gebruikt worden. Google+ is dan weer populair onder de wat oudere Oostenrijker en wordt Xing en LinkedIn dan weer bijna uitsluitend zakelijk gebruikt.

Welke zoekmachines zijn er?

Met een marktaandeel van 94% is Google verreweg de meest gebruikte zoekmachine in Oostenrijk. Het restant wordt opgevuld door Bing, Yahoo! De volgende zoekmachines worden gebruikt in Oostenrijk:

Percentage	Zoekmachine
94,21%	Google
3,50%	Bing
1,74%	Yahoo!

Tabel 3: Oostenrijk - Zoekmachines

Regulering internet

Oostenrijk is lid van de Europese Unie waarbinnen door meerdere wetten de vrijheid van meningsuiting is geregeld. Er vindt geen censuur plaats op het internet, daarentegen is het wel mogelijk voor de rechterlijke macht om internetproviders te dwingen illegale content te blokkeren. Deze blokkades worden op een case-by-case-basis bekeken.

Spanje

Ellen La Heij

Inleiding

Spanje ligt in Zuidwest Europa en grenst aan meerdere landen. In het noordoosten aan Frankrijk, Andorra en de Pyreneeën, in het westen aan Portugal en het zuiden aan Gibraltar en Marokko. Buiten het schiereiland behoren ook de Canarische eilanden, de Balearen en de Spaanse enclaves bij Noord-Afrika tot het land. Spanje telt ruim 48,5 miljoen inwoners verspreidt over een oppervlakte van 505.992 vierkante kilometer. De hoofdstad van Spanje is Madrid. Spanje kent een rijke historie. Er wordt aangenomen dat er reeds in de prehistorie verschillende malen volkeren vanuit Afrika via de straat van Gibraltar zijn overgestoken. In de stad Burgos werden de oudste fossielen ontdekt van de vroege mens in Europa. Voor de ijstijd vestigden Neanderthalers zich in Spanje. Tijdens de ijstijd vestigden de eerste 'moderne' mens zich waardoor de Neanderthalers werden verdreven of uitstierven. De oudste nederzettingen worden gevonden bij Almeriá. In 206 v. Chr. vielen de Romeinen Spanje binnen. De Romeinen hebben ervoor gezorgd dat het Latijn, de grondtaal werd van het tegenwoordig gesproken Spaans. Naast het Spaans het Castiliaans wordt er in Spanje ook Catalaans, Baskisch en Galicisch gesproken.

Culturele aspecten

In Spanje sluiten de meeste winkels 's middags hun deuren om rond vijf of zes uur deze weer te openen. Gedurende deze uren wordt er gewoonlijk warm geluncht en door sommige bewoners een korte siësta gehouden. Vanaf ongeveer halfnegen wordt er licht gedineerd met tapas of een sandwich. Iedere streek kent zijn eigen specialiteiten, zo staat Valencia staat bekend om zijn paella en Jerez om zijn sherry. Naast nationale feestdagen kent Spanje ook regionale en provinciale feesten. Bij ieder feest horen andere tradities zoals bijvoorbeeld het stierenvechten en het tomatenfeest. Wanneer men zaken wil doen in Spanje moet er veel tijd geïnvesteerd worden in het leggen van contacten en het opbouwen van een relatie.

Hierdoor gaat er veel tijd overheen voordat er daadwerkelijk een deal wordt gesloten. In Spanje is het gebruikelijk dat er in het Spaans gecommuniceerd wordt omdat de meeste Spanjaarden minder goed Engels spreken dan de Noord-Europeanen. Daarnaast maken Spanjaarden veel gebruik van lichaamstaal om de boodschap kracht bij te zetten. Verbale communicatie is belangrijker dan schriftelijke communicatie. Er moet dan ook altijd contact gezocht worden na het sturen van een e-mail. Het is in Spanje gewoon om tijdens een zakelijk overleg persoonlijke vragen te stellen. Er wordt zelden gewerkt met een agenda en anders wordt deze niet gevolgd. Vaak wordt er overlegd tijdens de lunch of het diner. Augustus is de slechtste maand om zaken te doen omdat de meeste Spanjaarden dan op vakantie zijn.

Hoe gebruikt men internet en social media?

Spanje staat in de top 5 van landen waar het meest gebruik wordt gemaakt van internet en sociale media. Uit onderzoek van Kansar TNS blijkt dat Spanjaarden steeds meer gebruik maken van sociale media. Spanjaarden maken gemiddeld contact met 6,2 sociale netwerken per week. Dit is meer dan het gemiddelde van Europa (5,4 netwerken per week) en wereldwijd (4,8 per week). Onder jongeren loopt dit zelfs op naar 8 netwerken per week.
In de categorie 54-65 jaar oud daalt dit licht naar 4,4 netwerken. 86% van de bevolking maakt gebruik van WhatsApp, 83% van Facebook en 72% van YouTube. Ook blijkt dat met name Instagram steeds populairder wordt. Van alle Spanjaarden heeft ongeveer 94% een smartphone, 75% een laptop, 66% een vaste computer en 61% een tablet. Gemiddeld is men privé 4 uur per dag met internet verbonden, jongeren zelfs 5 uur of meer. Hiervoor wordt het meest gebruik gemaakt van een tablet of smartphone.

Het *Instituto Cervantes* heeft onderzocht hoeveel berichten op social media in het Spaans zijn, hieruit blijkt dat het Spaans op de tweede plaats staat. Op het internet staat het Spaans op de derde plaats voorafgegaan door het Engels en Chinees.

Uit onderzoek van ine.es in 2014, waarin onderzocht is hoeveel personen gebruik hebben gemaakt van internet gemeten gedurende drie maanden, blijkt het volgende:

Leeftijd	16-24	25-34	35-44	45-54	55-64	65-74
Man	99.2%	93,7%	89,3%	78,2%	60,2%	31,5%
Vrouw	97,5%	94,2%	90,4%	78,2%	50,9%	21,5%
Totaal	98,3%	93,7%	89,8%	78,2%	55,4%	26,2%

Tabel 1: Spanje – Gebruikers op leeftijd

Welke platformen zijn er?

In Spanje wordt er naast de gangbare netwerken ook nog gebruik gemaakt van de volgende opvallende platformen:

Social mediaplatform	Toepassing
Tuenti	Sociaal netwerk met ongeveer dezelfde functionaliteiten als facebook, vooral populair onder jongeren en studenten
Menéame	Sociaal nieuws websites waarbij gebruikers een link kunnen sturen waarop gestemd kan worden. De berichten met de meeste "likes' staan op de voorpagina

Tabel 2: Spanje- Social mediaplatformen

Social media zakelijk inzetten

Spanje maakt zakelijk gebruik van diverse media. Het meest gebruikte medium is televisie gevolgd door kranten. Op dit moment is ongeveer 98% van de bedrijven aangesloten op internet. In 2013 hebben 71% van de ondernemingen een eigen website. Afhankelijk van de doelgroep kan sociale mediasites worden ingezet. Zoals het onderzoek van ine.es laat zien is dit vooral zinvol voor de doelgroep tot 54 jaar. Daarboven maakt ongeveer 50% van de bevolking gebruik van internet en sociale media.

Door de economische crisis is het consumentenvertrouwen flink gedaald. De werkeloosheid is gestegen en de inkomensongelijkheid is toegenomen. Hierdoor is een trend ontstaan dat consumenten hun aankopen dichter bij huis doen, zodat zij minder transportkosten hebben. Mede hierdoor zijn de marktkansen voor e-commerce en online verkoopplatformen vergroot. Grote bedrijven doen steeds meer zaken via B2B platforms. Deze platforms bieden specifieke software-oplossingen aan. De toeristische sector en voedingsmiddelenindustrie doen hoofdzakelijk zaken via B2B platforms.

Welke zoekmachines zijn er?

De volgende zoekmachines worden gebruikt in Spanje:

Zoekmachine		
Abacho	HispaVista	Todo Enlaces
Alta Vista	Kaixo	Trovator
Bing	Lycos	Ulos
Canarias24	Menoca Web	Walhello
Exite	Ozu	Yahoo
Ezilion	Spain Talking	
Google	Telepolis	

Tabel 3: Spanje - Zoekmachines

Regulering internet

Er wordt vanuit de regering geen restricties opgelegd voor het gebruik van internet, email en chatrooms. Wel wordt er gemonitord of het gebruik hiervan legaal is. In principe wordt vrijheid van meningsuiting gerespecteerd zolang deze niet aanzet tot discriminatie of haat tegen een bepaalde groep van de bevolking. Daarnaast biedt wet en regelgeving de mogelijkheid een straf tot drie jaar op te leggen als men zich hier schuldig aan maakt. Er zijn meerdere rechtszaken geweest waarbij de regering het niet eens was met het gebruik van internet. In een aantal van deze zaken zijn straffen en/of boetes opgelegd. Daarnaast bestaat er Europese verordeningen waar aan moet worden voldaan.

Uruguay

Andres Reyes Rios

Inleiding

Uruguay is het twee na kleinste Latijns-Amerikaans land gelegen in het oosten van Zuid-Amerika tussen Brazilië en Argentinië. De bevolking van Uruguay telt 3,42 miljoen inwoners. Net zoals andere Zuid-Amerikaanse landen woont meer dan de helft in de hoofdstad. Montevideo telt inmiddels 1,8 miljoen inwoners.
De inheemse bevolking *Charrúa* was de grootste bevolkingsgroep in Uruguay gedurende 4000 jaar voordat de Portugezen voet aan wal zetten en een kolonie stichten. Naar schatting woonden er 9000 Charrúa en 6000 *Chaná* en *Guaraní* toen het eerste contact met de Europeanen plaatsvond rond 1500. Andere belangrijke stammen waren de *Minuane, Yaro, Güenoa, Bohán* en de *Arachán*. In de 18e eeuw vestigden ook de Spanjaarden zich in Uruguay en stichtten Montevideo als militair bolwerk. Het werd een Spaanse kolonie. Uruguay werd gezien als het Zwitserland van Zuid-Amerika. Rond 1950 begon helaas de economie te stagneren. Net als andere Zuid-Amerikaanse landen heeft ook Uruguay een militaristisch regime gekend in de jaren '70-'80. In Uruguay heeft dit o.a. gezorgd voor een dollarisering van de economie en dat duizenden van Uruguayaanse top professionals het land moesten verlaten.

Vandaag staat Uruguay op nummer één in Latijns-Amerika wat betreft democratie, geen corruptie, e-goverment (elektronische overheid), persvrijheid en welvaart. Bovendien telt het land slechts 2% analfabeten. Uruguay wordt gezien als een constitutionele republiek, met een president als hoofd. Uruguay is lid van Mercosur, een economisch samenwerkings-verband met Paraguay, Argentinië en Brazilië. Chili, Colombia, Ecuador, Peru, Suriname en Guyana zijn geassocieerde leden. Mexico en Nieuw-Zeeland zijn observerend lid.

Culturele aspecten

Uruguay kent een grote middenklasse in vergelijking met andere Zuid-Amerikaanse landen en heeft weer een democratie opgebouwd.
De bevolking is voor 88% wit, voornamelijk afstammelingen van Spaanse kolonisten, voor 8% mesties (mix tussen wit en inheems) en 4% zwart of mulat (mix tussen wit en Afrikaans).
Uruguay is het enige land in Latijns-Amerika waar geen inheemse bevolking meer bestaat. Rond 1800, toen Uruguay onafhankelijk werd van Spanje waren er slechts 500 inheemse personen over in Uruguay. De oorzaak hiervan was vooral sterfte door ziekte. De Europeanen hadden heel wat nieuwe ziektes met zich meegebracht, zoals griep, syfilis en pokken waar het immuunsysteem van de lokale bevolking niet tegen was opgewassen.
Verder waren er ook veel inheemsen omgekomen door oorlog met de kolonisten. Maar als klap op de vuurpijl pleegde de eerste president van Uruguay, Fructuoso Rivera een genocide op de Charruá. De enige vier overlevenden werden in gevangenschap naar Parijs gestuurd om daar als tentoonstellingsobject te functioneren. Zij stierven daar al snel, inclusief hun baby die geadopteerd werd.
Ondanks dat er geen volbloed afstammelingen meer zijn van de Charruá en de bevolking voor bijna 90% wit is, refereren de Uruguayanen toch vol trots naar zichzelf als Charruá als het gaat om competitie met buitenlandse partijen. Zo heeft het nationale voetbalteam de bijnaam *Los Charruás* en gebruikt men de uitdrukking *"garra charúa!"* (Charuaanse vasthoudendheid) bij overwinningen.

Het Spaans is de officiële taal in Uruguay en wordt door iedereen gesproken en verstaan. In het noorden, langs de Braziliaanse grens, spreken de meeste mensen zowel Spaans als Portugees of ze spreken het *fronterizo*, een mengeling van het Spaans en het Portugees.
Uruguay heeft altijd gekeken naar Europa in culturele zin en veel van Europa overgenomen. De bevolking houdt van de directe aanpak. Ze hebben liever dat je duidelijk bent op een vriendelijke manier, dan dat je om de hete brei heen draait. Maar als een buitenlander kritiek heeft op de landsaard, het land en de bevolking wordt dat niet op prijs gesteld.

Buitenlanders worden in Uruguay altijd vriendelijk en gastvrij bejegend. Over het algemeen staan Uruguayanen positief tegenover buitenlanders, maar ze hebben ze ook niet nodig. Wie een baan zoekt in Uruguay moet er rekening mee houden dat Uruguayanen altijd eerst hun familie, vrienden en kennissen helpen aan werk dan een buitenlander. Het is een land met een ons kent ons cultuur. Ondanks een vergrijzende bevolking was Uruguay wel een land van jonge immigranten. Eind jaren 80 kende Uruguay wel emigratie van veel talentvolle jongeren naar voornamelijk Argentinië. Vrouwen zijn relatief gezien geëmancipeerder dan in andere Latijns-Amerikaanse landen.
De persvrijheid heeft tijdens het militaire regime veel moeten lijden. Pas in 1985 werden alle regels om de pers te reguleren opgeheven en was er weer sprake van een onafhankelijke pers.

Net als Argentijnen houden ook de Uruguayanen van maté, een thee die ze met een metalen rietje drinken. Dit wordt gedronken met de familie, religieus op vaste tijden. Het delen van de maté is heel normaal. Hierdoor is het ook heel normaal dat het rietje door meerder monden is gebruikt.

Hoe gebruikt men internet en social media?

Volgens Internet live stats maakt 65% van de Uruguayanen gebruik van het internet. Marktonderzoeker Grupo Radar brengt elk jaar resultaten uit over onderzoek naar het gebruik van Internet door Uruguay. Volgens het onderzoek uitgebracht in 2016 is vooral het gebruik van Internet via Smartphone explosief gegroeid waar het jaar daarvoor juist het gebruik van sociale media vooral was gegroeid. Volgens het onderzoek (als smartphones worden meegeteld) maken 94% van de huishoudens en 80% van de bevolking boven de 12 jaar gebruik van het internet. Verder wordt Internet vooral gebruikt om te chatten. Instagram is populairder dan Twitter en Facebook is niet dominant meer. Netflix heeft YouTube ingehaald. Gemiddeld zit de Uruguayaan op 2 sociale media platformen. Onder de 30 jaar zelfs op 2,3. Wat opvalt, is dat de helft van de sociale mediagebruikers vind dat hij/zij in grote mate of volledig verslaafd zijn aan het voorgenoemde. Verder heeft sociale media aanzienlijk bijgedragen aan de verkoop van Smartphones.

Welke platformen zijn er?

De website Statsmonkey verzamelt veel statistieken over social media gebruik, en zo ook over Uruguay. Volgens de site is Facebook de meest populaire social media platform in Uruguay maar er is ook aandacht voor andere platformen. Een overzicht van de social media platformen;

Social mediaplatform	Toepassing
Facebook	Voor het schrijven of posten van humoristisch of filosofisch commentaar over het leven of een actualiteit om een mening te delen of over te discussiëren. Het posten over privé-leven is minder dominant. Het gaat op Facebook vooral over Voetbal.
Instagram	
Twitter	Inmiddels dezelfde toepassing als Facebook. Ook hier gaat het veel over voetbal. Vooral de voetballers hebben veel volgers.
YouTube	Gebruikt voor het volgen van Vloggers en merken.
Google+	Vooral gebruikt voor foto's.
StumbleUpon	Zoeken naar zelfde interesses.
Reddit	News, Web rating en discussies
Tumblr	Microblogging en multimedia plaatsen

Tabel 2: Uruguay- Social mediaplatformen

Hoe wordt social media zakelijk het beste ingezet?

Uruguay heeft jaarlijks een event genaamd *Social Media Day* waarop Sociale Media wordt besproken, gedebatteerd. Het event wordt ook online gestreamd. Volgens de organisatie wordt de sociale media het beste zakelijk ingezet door een goed verhaal te vertellen en dit viraal te laten gaan. "Content is de koning en het verhaal de prinses", aldus het Social Media Day team. Hiermee wil de organisatie aangeven dat social media zakelijk het beste als marketingmachine ingezet kan worden, maar dan wel gewikkeld in een mooi verhaal. Een onderwerp waar de Uruguayaan niet zonder schijnt te kunnen is voetbal. Het ligt voor de hand dat marketingcampagnes zich hiermee willen associëren.

Welke zoekmachines zijn er?

Google wordt het meeste gebruikt als zoekmachine. Andere zoekmachines komen gezamenlijk niet boven de 3% waardoor Google dominant is op de markt als zoekmachine. De volgende zoekmachines zien we in Uruguay;

Percentage	Zoekmachine
97,28%	Google
1,22%	Bing
1,2%	Yahoo!
0,12%	Ask Jeeves
0,07%	DuckDuckGo
0,11%	Andere

Tabel 3: Uruguay - Zoekmachines

Regulering internet

Internet wordt geleverd door maar een paar bedrijven. Een daarvan is Antel, een monopolist op ADSL waarvan de overheid de enige eigenaar is. Verder zijn er nog mobiele aanbieders waarvan ANTEL er ook een van is.
De overheid legt geen beperkingen op wat betreft het gebruik van internet. De wet beschermt de vrijheid van pers, vrijheid van meningsuiting en privacy van de inwoners. De overheid respecteert dit over het algemeen. Tegelijkertijd overweegt de URSEC, de officiële overheidsinstantie, o.a. verantwoordelijk voor de regulering van het internet de toegang tot UBER-servers en diensten te blokkeren. Uruguay heeft ook sinds 2017 software genaamd *The Guardian* aangeschaft waarmee internet -, e-mail-, sociale mediaverkeer en telefoon gesprekken kunnen worden afgetapt zonder toezicht van de rechtelijke macht.

Vietnam

Samuel Mischa Mattens

Inleiding

Vietnam, een land van veel hoogteverschil. Het land wordt overheerst door het Annamitisch gebergte. In het noorden bereikt dit gebergte het hoogste punt van 3143 meter, deze piek wordt ook wel de Fan-si-pan genoemd.
De kust rondom Vietnam ligt natuurlijk op zeeniveau. De bergen enerzijds en de enorm lange kust anderzijds geven samen een mooi beeld over hoe in grote delen van het smalle maar lange land de verschillen in hoogte enorm kunnen zijn en in elkaar overlopen. Naast een indrukwekkend regenwoud heeft Vietnam ook nog enorme gebieden die uit delta's bestaan. Deze delta's worden gevoed door de Rode rivier in het noorden en de Mekong rivier in het zuiden. Vietnam is een land gelegen in Zuidoost-Azië en dat ook wel officieel Socialistische Republiek Vietnam genoemd wordt. Dit land bevindt zich op het schiereiland Indochina. Vietnam is een lang en smal land. Het wordt in het noorden begrensd door China, in het noordoosten door de golf van Tonkin, in het zuidoosten door de zuid Chinese zee, in het zuidwesten door Cambodja en in het noordwesten door Laos.
In 2016 had Vietnam 95.261.021 inwoners, dit op een oppervlakte van 330.972 km². Als je dit vergelijkt met Nederland hebben wij ongeveer een vijfde van het aantal inwoners op een tiende van de oppervlakte. Dit betekent dat de bevolkingsdichtheid in Nederland ongeveer twee keer zo groot is. Alleen geldt dit niet voor de steden, In de hoofdstad Hanoi is de bevolkingsdichtheid vele malen groter dan in Amsterdam.
Na 1975 (einde Vietnamoorlog) was Vietnam een arm hoofdzakelijk agrarisch land. Maar door de geschiedenis heen heeft het Vietnamese volk zich veerkrachtig getoond en met hulp van het buitenland (met name Japan en Europa) werd de economie geleidelijk hervormd. Hierbij hebben ze de focus gelegd op het inzetten op technologie, industrialisatie, onderwijs en onderzoek. Veel buitenlandse bedrijven hebben vanwege de lage lonen (een deel van) hun productiecapaciteit in Vietnam gevestigd. Dit heeft ertoe

geleid dat vandaag de dag social media een grote plaats heeft ingenomen binnen het dagelijks leven van de Vietnamese bevolking.

Culturele aspecten

Vietnam is duizend jaar lang overheerst door China. Dit heeft ervoor gezorgd dat de heersende cultuur sterk confuciaans is, waarin de nadruk op familieplicht en harmonie ligt. Vandaag de dag is de relatie met China nog steeds tweeslachtig. Enerzijds is China een belangrijke investeerder in de Vietnamese economie (Energie-, bouw- en wegenbouwsectoren), anderzijds wordt China gezien, niet alleen door Vietnam, als een onberekenbare overheersende machtsfactor in Zuidoost-Azië. Mede door de invloed die Rusland op Vietnam heeft gehad is Vietnam nog steeds een communistische (door een partij gedomineerde) staat. Daarnaast heeft de westerse wereld ook veel invloeden op Vietnam gehad, waardoor de economie wel hervormd is maar het bestuur van het land niet. Deze communistische invloeden hebben ertoe geleid dat een groot deel van de bevolking geen godsdienst aanhangers meer zijn. De rest (ongeveer een kwart van de bevolking) is voor 80 procent Boeddhistisch en voor 20 procent Rooms-katholiek. Voorouderverering heeft hierbij een grote plaats ingenomen vanuit het boeddhisme. Dit wil zeggen dat binnen de Vietnamese bevolking de familiebanden vaak het belangrijkst gevonden worden. Zo zie je ook dat drie of vier generaties familie vaak bij elkaar in huis wonen. Maar dit wordt onder de jongste generaties binnen de bevolking telkens minder. Vietnam is een land met een gemiddeld zeer jonge, goed opgeleide bevolking, dit verklaart ook waarom social media een enorme trend is in Vietnam.

Hoe gebruikt men internet en social media?

Van de 95 miljoen Vietnamese inwoners gebruiken zo'n 40 miljoen inwoners het internet. Van deze 40 miljoen hebben 28 miljoen Vietnamezen een social media-account. Dit komt neer op 44 procent van de totale bevolking dat internet gebruikt en 31 procent van de totale bevolking dat social media gebruikt. Jaarlijks neemt het aantal internetgebruikers met ongeveer tien procent toe en het aantal social media accounts neemt jaarlijks met bijna veertig procent toe. De tijd die gebruikers op het internet doorbrengen is gemiddeld 5 uur en 10 minuten en daarvan wordt gemiddeld 3 uur en 4 minuten op social media doorgebracht per dag. Als je de tijd vergelijkt die Vietnamezen aan internet besteden met de tijd die inwoners van westerse landen aan internet besteden, dan valt op dat er gemiddeld meer tijd in Vietnam dan bijvoorbeeld in Frankrijk of Amerika aan internet wordt besteed. Voor social media valt dezelfde trend te ontdekken, namelijk dat er in Vietnam meer tijd wordt besteed aan social media dan in Amerika of Frankrijk.

Welke platformen zijn er?

Percentage inwoners dat gebruik maakt van social media platform in 2015:

- Facebook: 21%
- Facebook messenger: 14%
- Google+: 13%
- Skype: 12%
- Viber: 9%
- Twitter: 8%
- Pinterest: 5%
- LinkedIn: 5%
- instagram: 5%
- badoo: 4%

Het aantal gebruikers van facebook in Vietnam is tussen 2011 tot 2015 gestegen van respectievelijk 1,4 Miljoen naar maar liefst 31,3 miljoen gebruikers gegroeid. Dit is een enorme groei, meer dan een derde van de bevolking heeft binnen 4 jaar tijd een social media-account gecreëerd.

Social media zakelijk inzetten

De jonge en goed opgeleide bevolking alsmede de lage servicekosten in Vietnam helpen het land om betere internet penetratie te halen dan omringende landen. Daarnaast is het gebruik van smartphones en social media heel erg hoog. Dit heeft ertoe geleid dat er ook telkens meer inkopen online gedaan worden. Op dit moment is het zelfs zo dat de meeste inkopen voor huishoudproducten meer online gedaan worden dan offline.
Uit een consumentenonderzoek in Vietnam is gebleken dat social media een nadrukkelijk effect heeft op welke sites de Vietnamezen bezoeken en hoeveel tijd ze daar spenderen. De smartphone is hier een groot onderdeel van. Vandaag is 20 procent van het internetverkeer afkomstig van smartphones, twee jaar geleden was dit nog maar 6 procent. Deze internet

penetratiegraad betekent dat het voor veel aanbieders van goederen en diensten interessant is om hun waren via internet aan te bieden.

Aangezien het social media gebruik in Vietnam heel erg hoog is, is het voor aanbieders van goederen en diensten heel interessant om via social media te gaan adverteren. Social media is een goedkope manier om met consumenten in contact te komen, het is zelfs denkbaar dat de partijen die dat nu goed doen daar in de toekomst een belangrijke speler in worden.
De internet penetratie is het hoogste voor Vietnamezen die niet ouder zijn dan 35 jaar. Dit betekent dat als je als bedrijf goederen en diensten voor jongeren onder de 35 jaar aanbiedt het zelfs nog interessanter is om social media te gebruiken, terwijl als je goederen en diensten gefocust zijn op een wat ouder publiek, social media misschien niet het juiste kanaal zijn voor deze doelgroep. Het aantal bedrijven dat hun internet klaar heeft voor mobiel is nog aan de kleine kant, dit betekent dat als iemand zijn bedrijf wel voor mobiel internet klaar heeft (platform onafhankelijk) dat hij dan een enorm stuk voorloopt op de gemiddelde concurrenten.

Welke zoekmachines zijn er?

Onlangs heeft de Vietnamese overheid besloten om een eigen zoekmachine op te zetten. Met geld van een Russische investeerder werd er een nieuw hoofdkwartier opgezet voor de zoekmachine die Coccoc heet. In het Nederlands betekent dit klop-klop. Naast deze zoekmachine heb je ook nog de zoekmachine Wada, dit is ook een nieuwe concurrent van google die tegen Coccoc vecht om de Vietnamese nummer één search-engine te worden. Coccoc krijgt momenteel een miljoen zoekwoorden per dag wat neer komt op 3 procent van de Vietnamese zoekwoorden per dag. Wada heeft momenteel ongeveer 10 procent van de zoekwoorden markt in handen en Google de rest. Het is alleen nog maar de vraag of ze überhaupt kans maken tegen een bedrijf dat zo groot als google is, aangezien google veel meer geld heeft om te investeren.

Zoekmachine	Marktaandeel
Google	87%
Coccoc	3%

Wada	10 %

Regulering internet

Vietnam is een communistisch land met een één-partij-systeem, deze partij doet alles om de vrijheid van meningsuiting ernstig te beperken. Dit heeft ertoe geleid dat in 2013 een nieuw wetsvoorstel is ingevoerd dat burgers verbiedt om nieuws te delen op blogs en social media, zoals facebook en twitter. Sinds deze wet is ingevoerd mogen internetgebruikers in Vietnam alleen persoonlijke informatie delen via social media. Dit heeft ertoe geleid dat Vietnam nu 's werelds tweede grootste gevangenis voor bloggers en internetgebruikers is geworden. In 2012 werden er minstens twaalf bloggers en mensenrechtenactivisten gevangengezet samen met ongeveer tweehonderd politieke gevangenen. Dit is ook deels de oorzaak van de populariteit van social media in Vietnam, omdat de partij alle media beheerst en onderwerpt aan zware richtlijnen gaan veel burgers opzoek naar alternatieve nieuwsbronnen die minder staatspropaganda bevatten.

Casestudy

In de jaren 90 werden door de boeren in Vietnam veel te veel pesticides gebruikt. Dit kwam doordat de boeren vaak bij constatering van fysieke schade aan de gewassen gelijk begonnen met pesticide besproeiing. Dit is in de eerste 40 dagen van het ontstaan van de gewassen niet nodig volgens de heuristiek oftewel de vuistregels. Om de boeren hierover te informeren is de overheid met groot succes een grote mediacampagne begonnen. Er is gebleken dat de media 97% van de boeren bereikt had binnen de provincie waarin deze test is gedaan. Het aantal besproeiingen die in deze tijd gedaan waren zijn flink afgenomen, namelijk van 3,35 besproeiingen per boer per seizoen naar 1,56 besproeiingen. Het aantal boeren dat geloofde dat vroege besproeiing nodig was is verandert van 77 procent naar 23 procent. Daarnaast was het aantal boeren dat geen pesticide gebruikte gestegen van 1 procent naar 32 procent. Na dit succes is deze manier van verandering overgenomen door 15 andere provincies, die hun eigen programma zijn gestart. Social media heeft hierbij een grote rol gespeeld.

Zweden

Maarten Speelpenning

Inleiding

Zweden, officieel Koninkrijk Zweden, is het grootste land van Scandinavië. Het land waar Ikea en Volvo van origine vandaan komen. Zweden telt ruim 9,8 miljoen inwoners. Veel Zweden verhuizen naar stedelijke gebieden zo wonen er gemiddeld 3 inwoners per km^2 in het Noorden en wonen er 251 inwoners per km^2 in het zuiden rondom Stockholm. Zweden heeft een enorm landschap aan flora en fauna, zo bestaat het land uit 58% bossen. Verder staat het land bekend om zijn talrijke meren.
Een van de bijzonderheden die je in Zweden tegen komt is het Noorderlicht. Mensen van over de hele wereld gaan naar Zweden om het Noorderlicht te bezichtigen. De toeristenattractie levert Zweden veel toerisme op die jaarlijks langs komen. Het midsummer festival is een van de andere bijzonderheden die je tegen komt. Dit festival wordt jaarlijks gevierd voor de start van de zomer en heeft een speciale geschiedenis voor Zweden. Rond het jaar 1500 werd dit festival al gevierd. Door heel het land waren vredesvuren en kwamen vele mensen samen. Families, vrienden, onbekenden, iedereen kwam samen hiervoor.
Van de 9,8 miljoen inwoners maakt 94% van de inwoners van Zweden gebruik van het internet. In het land is het gebruik van internet en social media erg belangrijk. Als bewijs hiervan is Zweden een van de koplopers als het graat om het online verkopen van producten.

Culturele aspecten

Met een bevolkingsdichtheid van 21,9/km^2 behoort Zweden tot een van de dunst bevolkte landen ven Europa. Op verschillende plekken in het land zijn er grote afstanden tussen dorpen en steden. De cultuur van de Zweden

wordt onder de Scandinavische cultuur gevat. Ze komen vaak in eerste instantie afstandelijk over. Ze zijn gesteld op hun privacy.
Zweden heeft qua belasting een speciaal soort cultuur. Ze staan ruim 57% belasting af. Hiervan gaat zo'n 44% naar sociale premies. De fiscus betaalt in Zweden vrijwel de gehele gezondheidszorg en het onderwijs is grotendeels gratis. Dit geldt voor alle onderwijs vormen, ook universitair.
Een belangrijk politiek doel in Zweden is het voor alle mensen gelijkwaardige voorwaarden creëren. Zo is o.a. ook de kinderopvang voor iedereen betaalbaar. De bevolking van Zweden heeft veel vertrouwen in de fiscus en heeft er daarom geen problemen mee een groot percentage van het inkomen als belasting af te staan.
Wat opvallend is dat de Zweedse regering stuurt op goed en beschikbaar internet voor alle inwoners, zowel mobiel als bedraad netwerk thuis. Zweden is een groot land met op verschillende plekken grote afstanden tussen de dorpen en steden.

'Social' nieuws

Zweden is een vooruitstrevend land als het gaat om beschikbaarheid van internet. Dit zie je ook terug in de vormen waar de inwoners hun nieuws vandaan halen. 89% van de inwoners haalt wekelijks hun nieuws van een onlinebron zoals een online krantenpagina of social media. Er wordt ook nog steeds veel tv gekeken om het nieuws te volgen, gemiddeld 72% doet dit.

Hoe gebruikt men internet en social media

Zweden is een van de koplopers als het gaat om internetsnelheden in de wereld. Op dit moment bevindt Zweden zich op de derde plek van het "High Broadband" segment volgens Akamai. In 2025 wil Zweden een compleet breedband verbonden land zijn. De overheid wilt dit via een driestappen plan de komende jaren behalen. 80% van de inwoners maakt naast de vaste verbinding ook gebruik van internet via een smartphone of tablet. Het gebruik van het internet is voor veel Zweden een standaard onderdeel in het dagelijks leven. Het gebruik van social media, online aankopen en online bankieren behoort tot dagelijkse bezigheden.

Het mobiele internet wordt veel gebruikt om social media platformen te bereken. 70% van de mobiele internetgebruikers gebruikt dagelijks een vorm van social media. Gemiddeld besteed een Zweed zo'n 24 uur per week op internet, 9 uur hiervan is op een smartphone. Inwoners tussen de 19 en de 25 besteden gemiddeld 40 uur per week op het internet.

Het land heeft het recht van het vrij spreken maar dit wordt in zekere zin gelimiteerd. Zo mag je geen haat uitspreken zowel op straat als op het internet en wordt er veel aan gedaan om het (online) pesten tegen te gaan. De overheid houdt zich veel bezig om te voorkomen dat er online gepest wordt en dat er geen vormen van haatpropaganda op Zweedse sites staan. Dit wordt ook gemonitord op social media platformen.

Welke platformen zijn er?

Welke vormen van Social media worden er gebruikt in Zweden 2017

Platform	Percentage
Facebook	84%
Snapchat	52%
Instragram	47%
LinkedIn	25%
Twitter	18%
Pinterest	16%

Tabel 1: Social media gebruik Zweden

77% van de internetgebruikers in Zweden maakt gebruik van social media, waar 58% dagelijks een social media platform gebruikt.

Facebook

Facebook is veruit het populairste in Zweden Maar liefst 84% van de social mediagebruikers gebruikt Facebook. Het wordt veel al gebruikt om contact met andere mensen te zoeken en contact te onderhouden. Facebook wordt in Zweden op commercieel gebied ook veel gebruikt door bedrijven.

Twitter

Twitter heeft vanaf 2011 elk jaar groei gehad van Zweedse gebruikers tot aan 2015 waar het 22% van de Zweedse internetgebruikers gedroeg. Sinds 2016 is deze groei gestopt en ziet Twitter jaarlijks een daling in Zweedse gebruikers. De overheid van Zweden monitort het gebruik van @sweden. Dit om te zorgen dat deze niet gebruikt wordt in posts die tegen de Zweedse wet in gaan. In 2017 maakte een overheidsinstelling een fout waardoor in 1 week 14.000 twitter accounts geblokkeerd werden van het gebruik van @sweden. De overheid heeft uiteindelijk zijn excuses aan geboden en de blokkades van die week ontdaan.

Zakelijke inzet van social media

Social media wordt in Zweden veel ingezet op de zakelijk gebied. Grote multinationals hebben grote campagnes en advertenties op verschillende social media platformen. Zowel de advertenties tijdens het browsen op het internet en de advertenties op social media doen het goed.
Zweedse telefonie providers stunten ook met grote aanbiedingen voor klanten. Telefoon provider gigant Telia biedt o.a. gratis mobile data voor o.a. Facebook, Instragram, WhatsApp en meer zonder dat dit van mobiele data bundel af gaat. Verschillende bedrijven schrijven over een sterke groei in het gebruik van social media in de afgelopen twee jaar. Hierdoor zetten steeds meer bedrijven in op activiteit op social media.
Het digitale marketingbudget van Zweden is het grootste van het marketingbudget. Uit cijfers van 2016 is gebleken dat bedrijven en overheden het meeste raakvlak creëerden door online platformen te gebruiken. De mate van social media penetratie is in 2017 58%.

Regulering internet

Zweden is lid van de EU waarin vrijheid van meningsuiting en pers via meerdere wetten is geregeld. Zoals elk ander EU-land heeft vrijheid van meningsuiting zo zijn beperkingen binnen het land. Het is bekend dat de grootste Internet Service Providers een filter toepassen dat toegang tot deze sites wordt geblokkeerd. De overheid van Zweden claimt dat deze sites leiden naar illegale content. Hoewel dit niet wettelijk bepaald is wordt dit wel door alle ISP's uitgevoerd. Het internet is vrij voor gebruik voor ieder maar wordt in zekere zin ook gecontroleerd door de overheid. Zo wordt er naast het filter ook toegang tot sites geblokkeerd. Een ander voorbeeld van het reguleren van het internet is het offline halen van de officiële servers van de The Pirate Bay (TPB) website. Deze waren gevestigd in een datacenter in Västberga, Zweden. Deze inval werd uitgevoerd door de Zweedse politie. Iets wat Zweden uniek maakt binnen de EU is dat het voor Internet Service Providers (ISP's) in Zweden niet wettelijk bepaald is dat ISP's metadata van haar klanten moet opslaan. Sinds 2014 is de wet dat ISP's haar data retentie minimaal 6 maanden tot 2 jaar moest behouden opgeheven.

Casestudy

Een al 70 jaar bestaand praline in Zweden, de Aladdin chocolate box. De bevolking van Zweden had een speciale band met dit merk omdat deze rond de kerst werd gegeven. Hoewel het merk nog steeds bekend is was het speciale gevoel weg bij de bevolking. Het bedrijf dat de chocolade box maakt wilde er iets aan doen en begon een grote campagne. In de tijd dat het chocolaatje bestaat zijn er al verschillende varianten in de box erbij gekomen. Het werd tijd om een nieuwe variant de introduceren maar daarvoor moest plaats gemaakt worden in de box, er moest een variant uit. Er werd een interactieve stemmachine ontwikkeld waarmee de bevolking kon stemmen wat hun favoriete praline is. De inwoners konden dus zelf bepalen wat hun favoriet is en welke variant eruit moest. Er werden o.a. Facebookpagina's en groepen aan gemaakt en er werd een Facebook App ontwikkelt waar op basis van een aantal vragen en je favoriete praline je een persoonlijke analyse kreeg. Binnen 4 weken is er 400 duizend keer gestemd met de stemmachine en heeft de media ruim 33 miljoen mensen bereikt. De facebook applicatie stond op de vierde plek van de snelst groeiende facebook applicaties. De social mediacampagne was een groot succes. De omzet steeg met 26,5% dat jaar en werd er 44% winst geboekt.

Bibliografie

Amerika, Verenigde Staten van

Silicon Valley Indicators. 2016 Silicon Valley Index. Geraadpleegd van https://www.jointventure.org/images/stories/pdf/index2016.pdf

News across social media platforms 2016. In Journalism.org. Geraadpleegd op 4-6-2017, van http://www.journalism.org/2016/05/26/news-use-across-social-media-platforms-2016/

Social network popularity by country. In Smart Insights. Geraadpleegd op 4-6-2017, van http://www.smartinsights.com/social-media-marketing/social-media-strategy/new-global-social-media-research/attachment/2015-social-network-popularity-by-country/

Social media marketing. In Statista. Geraadpleegd op 4-6-2017, van https://www.statista.com/statistics/188444/global-share-of-businesses-using-social-media-marketing/

Social media and Internet Access. In PEW Research center. Geraadpleegd op 4-6-2017, van http://www.pewinternet.org/fact-sheet/social-media/

Omnicore. Snapchat number. Geraadpleegd op 4-6-2017 https://www.omnicoreagency.com/snapchat-statistics/

Company history. In Facebook. Geraadpleegd op 4-6-2017, van https://newsroom.fb.com/company-info/

Social media active users. In Statista. Geraadpleegd op 4-6-2017, van https://www.statista.com/statistics/272014/global-social-networks-ranked-by-number-of-users/

Social Media Marketing Facts. In Businss 2 Community. Geraadpleegd op 5-6-2017, van http://www.business2community.com/marketing-stats-facts-01431126#SIWXzZCbX93Kdlor.97

LinkedIn Members. In Statista. Geraadpleegd op 5-6-2017, van https://www.statista.com/statistics/274050/quarterly-numbers-of-LinkedIn-members/

Share of search queries. In Statista. Geraadpleegd op 5-6-2017, van https://www.statista.com/statistics/267161/market-share-of-search-engines-in-the-united-states/

10 most popular search engines. In Search Engine Watch. Geraadpleegd op 5-6-2017, van https://searchenginewatch.com/2016/08/08/what-are-the-top-10-most-popular-search-engines/

GuardChild Statistics. In Guard Child. Geraadpleegd op 7-6-2017, van https://www.guardchild.com/statistics

België

Belgische Federale Overheidsdiensten. (2017). De gewesten. Geraadpleegd van https://www.belgium.be/nl/over_belgie/overheid/gewesten

Derix, B. (2016, 25 augustus). Online Mediaconsumptie: Belgen lopen drie jaar achter. Geraadpleegd van http://stroom.com/2016/08/25/rematch-nl-vs-be-online-media/

Doek valt voor Netlog. (2014, 18 december). Geraadpleegd van http://www.surfplaza.be/netlog/

Gerritsen, M. (2014). *Vlaanderen en Nederland: één taal, twee culturen?* Geraadpleegd van http://www.anv.nl/wp-content/uploads/2014/03/N2014-1_Marinel_Gerritsen_Vlaanderen_en_Nederland-een_taal_twee_culturen.pdf

Internetcensuur. (z.j.). Geraadpleegd op 27 mei, 2017, van https://nl.wikipedia.org/wiki/Internetcensuur#Belgi.C3.AB

Jensma, F. (2008, 22 december). Hoeveel regeringen heeft België? Geraadpleegd van https://www.nrc.nl/nieuws/2008/12/22/hoeveel-regeringen-heeft-belgie-a1481648

Malengreau, D. (z.j.). De Belgen en het internet: een complete analyse. Geraadpleegd van https://www.digimedia.be/News/nl/19205/de-belgen-en-het-internet-een-complete-analyse.html
Op de Woerd, M. (2014, 03 juni). Vlaams-Waalse liefde is schaars goed in België. Geraadpleegd van https://www.trouw.nl/home/vlaams-waalse-liefde-is-schaars-goed-in-belgie~a55701ae/
Peeters, B. (2016, 13 december). Belgian Social Media Monitor - december 2016 [Blogpost]. Geraadpleegd van http://bvlg.blogspot.nl/2016/12/belgian-social-media-monitor-december.html
Piot, K. (z.j.). 4 tips voor het inzetten van social media in uw bedrijf. Geraadpleegd van http://www.nativemedia.be/tips-inzetten-social-media/
Pynte, H. (2015, 25 februari). Sociale media in verandering: cijfers over evoluties in het digitale landschap [Blogpost]. Geraadpleegd van http://www.talkingheads.be/nl/blog/detail/sociale-media-in-verandering-cijfers-over-evoluties-in-het-digitale-landschap
StatCounter. (z.j.). Search Engine Market Share in Belgium: May 2016 to May 2017. Geraadpleegd op 27 mei, 2017, van http://gs.statcounter.com/search-engine-market-share/all/belgium
Top Sites in Belgium. (z.j.). Geraadpleegd van http://www.alexa.com/topsites/countries/BE
Typisch Belgisch. (z.j.). Geraadpleegd van http://www.belgievoorbeginners.nl/typisch-belgisch.htm
Typisch Belgische dingen en gewoonten. (z.j.). Geraadpleegd van https://plazilla.com/page/4295098923/typisch-belgische-dingen-en-gewoonten
Vanhaelewyn, B., & De Marez, L. (2016). *Digimeter 2016: Measuring digital media trends in Flanders*. Geraadpleegd van http://www.imec-int.com/assets/imec-digimeter-2016-report.pdf
Vertrek naar België. (2017). Geraadpleegd van http://www.vertreknaarbelgie.nl/cultuur/
Vromant, G. (2016, 08 november). Facebook Statistieken voor België. Geraadpleegd van http://www.teachme.be/facebook-statistieken-voor-belgie/

Brazilië

Brazil Guide. (z.j.). Geraadpleegd van http://www.commisceo-global.com/country-guides/brazil-guide
Brazil social media case study: Netflix creates local movie awards. (z.j.). Geraadpleegd van http://www.digitaltrainingacademy.com/casestudies/2015/04/brazil_social_media_case_study_netflix_creates_local_movie_awards.php
Geromel, R. (z.j.). Internet in Brazil: Key Hard Facts You Must Know. Geraadpleegd van http://www.commisceo-global.com/country-guides/brazil-guide
HP de Tijd, & Hardholt, S. (2014, maart). Brazilië krijgt als eerste land ooit een internetgrondwet. Geraadpleegd van http://www.hpdetijd.nl/2014-03-27/brazilie-krijgt-als-eerste-land-ooit-een-internetgrondwet/
Mason Grey, C. (2015, 13 mei). 5 Interesting Social Media & Technology Statistics about Brazil for Globally-Minded Enterprises. Geraadpleegd van https://blog.sprinklr.com/social-media-statistics-brazil/
Statista. (2017). Penetration of leading social networks in Brazil as of 4th quarter 2016. Geraadpleegd van https://www.statista.com/statistics/284424/brazil-social-network-penetration/
Statista. (2017, maart). Popular online search engines in Brazil as of March 2017, based on market share. Geraadpleegd van https://www.statista.com/statistics/309652/brazil-market-share-search-engine/

Bulgarije

Bulgaria Lags Behind in Business Use of Internet, EC Data Show. (2016, 07 mei). Geraadpleegd van http://www.bta.bg/en/c/DF/id/1073297
Companies using social media. (z.j.). Geraadpleegd op 29 mei, 2017, van https://infostat.nsi.bg/infostat/pages/reports/result.jsf?x_2=706
Country Reports on Human Rights Practices. (2016, 07 mei). Geraadpleegd op 06 juni, 2017, van https://www.state.gov/j/drl/rls/hrrpt/2012humanrightsreport/index.htm?year=2012&dlid=204270#

Daily internet usage rate in Bulgaria in 2016. (z.j.). Geraadpleegd op 28 mei, 2017, van https://www.statista.com/statistics/347932/daily-internet-usage-age-group-bulgaria/
Digital Marketing in Bulgaria: Growing business interests. (2015, 21 september). Geraadpleegd op 06 juni, 2017, van http://mastersindigitalmarketing.org/digital-marketing-in-bulgaria-jemss/
Income and Expenditure: Bulgaria. (2016, 27 september). Geraadpleegd van http://www.portal.euromonitor.com.rps.hva.nl:2048/portal/analysis/tab
Marcus, I. (2017, 04 juni). Roumen Radev: Bulgaria stands alongside Britain. Geraadpleegd op 08 juni, 2017, van http://sofiaglobe.com/2017/06/04/roumen-radev-bulgaria-stands-alongside-britain/
Twitter | President.bg. (z.j.). Geraadpleegd op 08 juni, 2017, van https://twitter.com/presidentofbg

Emiraten

Alexa. (2017, juni 11). UAE. Retrieved from Alexa: http://www.alexa.com/topsites/countries/AE
Eitsalat. (2017, juni 11). Prohibited Content Categories. Retrieved from Eitsalat: http://www.etisalat.ae/en/system/docs/personal/misc/blockcontent.pdf
Embassy of the United Arab Emirates. (2017, juni 10). Social and Cultural. Retrieved from Embassy of the United Arab Emirates: http://www.uae-embassy.org/uae-us-relations/key-areas-bilateral-cooperation/social-and-cultural
Freedom House. (2017, juni 10). United Arab Emirates - Profile. Retrieved from Freedom House: https://freedomhouse.org/report/freedom-world/2017/united-arab-emirates
Ghannam, J. (2011). Social Media in the Arab World: Leading up to the Uprisings of 2011. Washington D.C.: Center for International Media Assistance.
Ghannam, J. (2011). Social Media in the Arab World: Leading up to the Uprisings of 2011. Detroit: Center for International Media Assistance.
Internet Live Stats. (2016, oktober 1). United Arab Emirates Internet Users. Retrieved from Internet Live Stats: http://www.internetlivestats.com/internet-users/united-arab-emirates/
Salem, F., & Racha, M. (2012). Social Media in the Arab World: Influencing Societal and Cultural Change? Dubai: Dubai School of Government.
TNS. (2015). Arab Social Media Influencers Summit - Arab Social Media Report 2015. Dubai: WPP.
YouTube. (2017, juni 11). Casey Neistat. Retrieved from YouTube: https://www.YouTube.com/user/caseyneistat
Zephoria. (2017, juni 11). Top 20 Facebook statistics. Retrieved from Zephoria: https://zephoria.com/top-15-valuable-facebook-statistics/

Groenland

https://telepost.gl/en/telecommunications-infrastructure
https://www.cia.gov/library/publications/the-world-factbook/geos/gl.html
http://gs.statcounter.com/search-engine-market-share/all/greenland/2016
https://www.sortlist.com/nl/social-media/Groenland-gl/works
https://www.askja.nl/bestemming/Groenland/511/reisinformatie/cultuur

Indonesië

https://indearchipel.com/2017/02/01/hoeveel-eilanden-indonesie/
http://www.new.indonesia.nl/index.php/en/all-category/86-economic/193-global-influence
https://www.emarketer.com/Chart/Social-Media-Usage-Among-Mobile-Internet-Users-Ages-16-35-Indonesia-by-Age-SiteApp-Jan-2016-of-respondents-each-group/185376
https://www.techinasia.com/talk/digital-snapshot-internet-social-media-2017
https://www.onemorething.nl/2016/12/apple-investeert-noodgedwongen-44-miljoen-in-indonesie/

http://gs.statcounter.com/social-media-stats#monthly-201604-201704
http://www.internetworldstats.com/asia/id.htm
http://www.pwc.de/de/internationale-maerkte/assets/doing-business-in-indonesia.pdf
https://www.flandersinvestmentandtrade.com/export/landen/indonesi%C3%AB/zakendoen-indonesi%C3%AB
http://docplayer.nl/7939091-Van-underground-tot-mainstream-het-internet-in-indonesie.html
http://www.indonesienu.nl/nu-actueel/indonesie-blokkeert-vimeo
https://tweakers.net/nieuws/83256/indonesie-blokkeert-meer-dan-een-miljoen-pornosites.html
https://www.cigionline.org/sites/default/files/no7_2.pdf
Silicon Valley Indicators. 2016 Silicon Valley Index. Geraadpleegd van https://www.jointventure.org/images/stories/pdf/index2016.pdf

Iran

Alexa. (2017, juni 11). IRAN. Retrieved from Amazon Alexa: http://www.alexa.com/topsites/countries/IR
Internetlivestats. (2016, juli 1). Iran Internet Users. Retrieved from InternetLiveStats: http://www.internetlivestats.com/internet-users/iran/
http://techrasa.com/author/mohammadreza/"MohammadReza Azali (2016, augustus 16). Infographic: http://techrasa.com/2016/08/26/infographic-social-media-iran/
Kwintessential. (2017). Guide To Iran. Retrieved Kwintessential: http://www.kwintessential.co.uk/resources/guides/guide-to-iran-etiquette-customs-culture-business/
Mehrnews. (2016, 31 oktober). 'Parsijoo' most used search engine in Iran after Google Media use in the Middle East. Retrieved from: mehrnews. http:// Parsijoo-most-used-search-engine-in-Iran-after-Google
Al Arabiya English. (2017, January 21). Iran bans 160,000 social media accounts in one year alone. Retrieved from Al Arabiya Iran-bans-160-000-social-media-accounts-in-one-year-alone.html
Freedom House. (2017). Iran – Profile Retrieved from: Freedomhouse.
https://freedomhouse.org/report/freedom-world/2017/iran
"http://techrasa.com/"Hamed Jafari (2015, august 30). Even Our President Is More Social Than You!.
Retrieved from Techrasa: http://techrasa.com/2015/08/30/iran-even-president-digs-social-media/
Statcounter (2017, juni). Social Media Stats in Iran may 16 – may 17.

Italië

Europa Nu, Retrieved June 12th, from
https://www.europa-nu.nl/id/vgaxlcr1jzjv/italie
Belpaese.nl, Retrieved June 12th, from
http://www.belpaese.nl/B2SMAADL.HTML
Adcombo blog, Internet Usage in Italy, Retrieved June 11th, 2017, from from
https://adcombo-blog.com/internet-usage-italy/
Statista, Distribution of social media used in Italy in 2016-2017, from
https://www.statista.com/statistics/569968/distribution-of-social-media-used-italy/
Passport to trade, Social media guide for Italy, Retrieved June 11th 2017, from
http://businessculture.org/southern-europe/business-culture-in-italy/social-media-guide-for-italy/
Academiccourses.com, course in social media for fashion, Retrieved June 11th, 2017, from:
https://www.academiccourses.com/Course-in-Social-Media-for-Fashion/Italy/Marangoni/
Social Breakers, April 2017 Social Marketing Report Italy, Retrieved June 11th, 2017, from:
https://www.socialbakers.com/resources/reports/italy/2017/april/
Top Websites Ranking, Italy, Retrieved June 11th, 2017, from
https://www.similarweb.com/top-websites/italy
G. Pianigiani, The New York Times, September 13, 2016, 'Italy's 'Fertility Day' Call to Make Babies Arouses Anger, Not Ardor'.

Japan

Adler, N. J., & Jelinek, M. (1986). Is 'organization culture' culture bound? *Human Resource Management*, *25*(1), 73-90. doi:10.1002/hrm.3930250106
Every Culture, "Japanese culture" http://www.commisceo-global.com/country-guides/japan-guide
Koningaap, "Japanse taal" https://koningaap.nl/japan-reizen/taal-japan
Andrew Henderson,"Countries with the highest internet speeds" http://nomadcapitalist.com/2013/12/01/top-5-countries-fastest-internet-speeds-world/
Victoria Bloyer, "Social media in Japan" https://www.motionpoint.com/blog/social-media-in-japan/
eMarketer, "Whos using which social sites Japan" https://www.emarketer.com/Article/Whos-Using-Which-Social-Sites-Japan/1014016
Humblebunny, " Media tips to market on SNS in Japan" http://www.humblebunny.com/6-social-media-tips-to-market-on-sns-in-japan/
Intead," Social Media Marketing in Japan" http://services.intead.com/blog/social-media-marketing-in-japan
Taro Toyokawa, "Japanese search engines for your SEO strategy" https://www.fa-tea.com/blog/share-search-engines-japan-2016
AJPR, "Where do Japanese Search?" https://www.ajpr.com/where-japanese-search/
Giao Hoang, "Japan learnt to get through disaster with social media" http://blogs.uwa.edu.au/socialmediasos/japan-learnt-to-get-through-disaster-with-social-media/
Freedomhouse, "Japan internet regulation", https://freedomhouse.org/report/freedom-world/2011/japan
Ohara Law Office, "What are Japan's law on internet", http://oharalaw-japan.com/2016/02/24/what-are-japans-laws-on-internet-piracy/

Kazachstan

Alexa. (2017, April). Opgehaald van http://www.alexa.com/topsites/countries/KZ
Amnesty International. (2017, Februari 9). Opgehaald van https://www.amnesty.org/en/latest/news/2017/02/kazakhstan-social-media-crackdown-suffocates-freedom-of-expression-online/
EdgeKZ. (2017, Mei 25). EdgeKZ. Opgehaald van http://www.edgekz.com/social-media-finds-diverse-uses-followers-in-kazakhstan/
Internetlivestats. (2017, Mei 25). Internetlivestats. Opgehaald van http://www.internetlivestats.com/internet-users/kazakhstan/
Katsiaryna S. BARAN, W. G. (2016). Acceptance and Quality Perceptions of Social Network Services in Cultural Context: Vkontakte as a Case Study . https://www.phil-fak.uni-duesseldorf.de/fileadmin/Redaktion/Institute/Informationswissenschaft/heck/Baran___Stock_Vkontakte.pdf.
Michel, C. (2017, Januari 25). Opgehaald van http://thediplomat.com/2017/01/kazakhstan-plans-to-ban-anonymous-commenters/
Niyazbekov, N. (2017, Maart). The diplomat. Opgehaald van http://thediplomat.com/2017/03/kazakhstans-love-hate-relationship-with-social-media/
Salminen, J. (2016, Augustus). Konvertigo.io. Opgehaald van http://konvertigo.io/blog/digital-marketing-russia-vkontakte
Sortlist. (2017, Mei 26). Opgehaald van https://www.sortlist.com/social-media/kazakhstan-kz/works
Webb, I. (2016, December 16). Opgehaald van https://advox.globalvoices.org/2016/12/16/social-media-sites-blocked-in-kazakhstan-on-25th-anniversary-of-independence/
Zdorovetskaya, M. (2014, Oktober 23). Let`s talk! | Social networks IN RUSSIA | ENG CC. Opgehaald van https://www.YouTube.com/watch?v=cJ4j-7oXHRU

Oostenrijk

http://www.austria.info/in/service-and-facts/people-traditions/austrian-etiquette
http://www.rvo.nl/onderwerpen/internationaal-ondernemen/landenoverzicht/oostenrijk/dos-and-donts
http://fenedex.nl/content_db/fenedexpress/item/oostenrijk-het-hart-van-europa.html
http://businessculture.org/western-europe/business-culture-in-austria/social-media-guide-for-austria/
http://gs.statcounter.com/search-engine-market-share/all/austria/2016
https://de.statista.com/statistik/ marktanteile-der-meistgenutzten-suchmaschinen-in-oesterreich/
http://www.statistik.at/web_de/statistiken/ mobilitaet/informationsgesellschaft/ikt-einsatz_in_haushalten/index.html
http://www.marktmeinungmensch.at/studien/social-media-nutzung-in-oesterreich-2010-bis-2016/
https://www.ananas-marketing.at/socialmediaoesterreichnutzerzahlen/
https://iclg.com/telecoms-media-and-internet-laws/telecoms-media-and-internet-2017/austria

Spanje

http://www.vertreknaarspanje.nl/spaanse-cultuur.html bezocht op 24 mei 2017
http://zakendoeninspanje.nl/zakendoen-in-spanje/succesvol-zakendoen-in-spanje/ bezocht op 24 mei 2017
http://www.searchenginesindex.com/es/motoresdebusqueda/España/ bezocht op 30 mei 2017
http://www.ine.es/jaxi/Tabla.htm?path=/t25/ a2014/l1/&file=01002.px bezocht op 30 mei 2017
https://www.holanda.es/media/53558/ hva.pdf bezocht op 30 mei 2017
http://www.rvo.nl/internationaal-ondernemen/landenoverzicht/spanje/marketing bezocht op 30 mei 2017
http://www.spanjevandaag.com/19/11/2016/spanjaarden-raken-steeds-meer-verslaafd-aan-sociale-media/ bezocht op 8 juni 2017
http://www.spanjevandaag.com/27/01/2017/spaans-is-wereldwijd-de-tweede-meest-gebruikte-taal-op-de-sociale-media-netwerken/ bezocht op 8 juni
https://www.adigital.org/regulacion-digital-policy/ bezocht op 8 juni 2017

Uruguay

"Uruguay." Worldmark Encyclopedia of Nations. Retrieved June 05, 2017 from Encyclopedia.com: http://www.encyclopedia.com/history/encyclopedias-almanacs-transcripts-and-maps/uruguay
Hudson, R. A., & Meditz, S. W. (1990). Uruguay: A Country Study. Rex A. Retrieved June 05, 2017, from http://countrystudies.us/uruguay/
Uruguay. (2017, June 02). Retrieved June 05, 2017, from https://en.wikipedia.org/wiki/Uruguay
Internet Live Stats. (n.d.). Retrieved June 05, 2017, from http://www.internetlivestats.com/internet-users/uruguay/
Most popular Facebook pages in Uruguay. (n.d.). Retrieved June 05, 2017, from https://www.socialbakers.com/statistics/facebook/pages/total/uruguay/
Mobile Facebook, Twitter, Social Media Usage Statistics in Uruguay. (n.d.). Retrieved June 05, 2017, from https://www.statsmonkey.com/table/21496-uruguay-mobile-social-media-usage-statistics-2015.php
Social Media Day Uy Edición 2016. (n.d.). Retrieved June 05, 2017, from http://www.socialmediaday.com.uy/ediciones/edicion-2016/
Los millennials prefieren fútbol. (2017, June 05). Retrieved June 05, 2017, from http://www.espectador.com/sociedad/338408/los-millennials-prefieren-futbol
Search engine market share in Uruguay. (n.d.). Retrieved June 05, 2017, from http://gs.statcounter.com/search-engine-market-share/all/uruguay
Facts About Uruguay. (n.d.). Retrieved June 05, 2017, from http://worldfacts.us/Uruguay.htm
El Perfil del Internauta Uruguayo 13º edición - 2016. (n.d.). Retrieved June 05, 2017, from https://informes.gruporadar.com.uy/

Vietnam

Simon Kemp. (n.d.). Internet statistics in Vietnam 2015 including social media and mobile figures. Chabrol. Retrieved May 01, 2017, from http://chabrol.net/2015/06/09/internet-statistics-in-vietnam-2015/

Economie Vietnam, en, Statistics, Vietnam. (2017, January 10). Internet statistics in Vietnam compared to France, USA, Thailand and average international statistics. Chaprol. Retrieved May 01, 2017, from http://chabrol.net/2017/01/10/internet-statistics-in-vietnam /

Richard Burrage. (2015, December 29). Online, mobile, social media in Vietnam Asia. Cimigo. Retrieved May 01, 2017, from http://blog.cimigo.com/online-mobile-social-media-in-vietnam-asia/

Jan Libbenga. (2013, June 14). Nederlander kaapt domeinnaam Vietnamese Google (update). Emerce. Retrieved May 01, 2017, from https://www.emerce.nl/nieuws/

Anh-Minh Do. (2013, October 28). Is the Russian-Vietnamese search engine Coccoc really beating google in Vietnam? Techinasia. Retrieved May 01, 2017, from https://www.techinasia.com/russianvietnamese-search-engine-coccoc-beating-google-vietnam

Amelie Peulen. (2015, June 15). Geen persvrijheid in Vietnam. Aziatischtijger. Retrieved May 25, 2017, from http://www.aziatischetijger.nl/2015/06/15/geen-persvrijheid-in-vietnam/

Escalada, M.M., Heong, K.L., Huan, N.H., & Mai, V.(1998, July). Use of communication media is changing rice farmers' pest management in the Mekong Delta,Vietnam. Sciencedirect. Retrieved May 25, 2017, from http://www.sciencedirect.com/science/article/pii/S0261219498000362

Zweden

Marketing in Zweden, RVO (2017), geraadpleegd op 28-05-2017

Social Media Stats in Sweden , StatCounter Global Stats (2017), geraadpleegd op 28-05-2017 van http://gs.statcounter.com/social-media-stats/all/sweden/#monthly-200903-201704

Share of people using the following sources of news weekly in Sweden in 2016, in Statista geraadpleegd op 11-06-2017 van https://www.statista.com/statistics/574811/

Sweden has world's 3rd fastest broadband internet, The Swedish Wire, geraadpleegd op 06-06-2017 van http://www.swedishwire.com/economy/19726

A Completely Connected Sweden by 2025 – a Broadband Strategy, Government.se, geraadpleegd op 10-06-2017 van sweden-completely-connected-by-2025-eng.pdf

Swedish mobile giant starts free social media surfing, The Local, geraadpleegd op 28-05-2017 van https://www.thelocal.se/20160418/free-social-media-surfing-launched-by-swedish-mobile-giant

Free Surf Social Media, Telia.se, geraadpleegd op 10-06-2017 van https://www.telia.se/privat/telefoni/frisurfsocial

Midsummer, sweden.se, geraadpleegd op 11-06-2016 van https://sweden.se/culture-traditions/midsummer/

Study social media across the Nordics, Audienceproject, geraadpleegd op 28-05-2017

The Swedes and the internet 2016 – Summary, IIS, geraadpleegd op 11-06-2017

Top Sites in Sweden, Alexa, geraadpleegd op 28-05-2017 van http://www.alexa.com/topsites/countries/SE

Marabou Aladdin Chocolates 'Save Christmas' PR campaign, utalkmarketing.com, geraadpleegd op 28-05-2017

Curators of Sweden, About, geraadpleegd op 13-06-2017 van http://curatorsofsweden.com/about/

Sweden's official Twitter account blocks (then unblocks) 14,000 users in hate speech controversy, The Local se, geraadpleegd op 13-06-2017

www.ingramcontent.com/pod-product-compliance
Ingram Content Group UK Ltd.
Pitfield, Milton Keynes, MK11 3LW, UK
UKHW021653190726
13853UKWH00001B/241